W0460649

Label Rando

VOS 30 ITINÉRAIRES au PAYS BASQUE

Pierre Macia

RANDO éditions

Pour toutes informations et tous conseils personnalisés sur :

→ La randonnée et les sports de montagne dans les Pyrénées

→ Les coordonnées des guides et des accompagnateurs de montagne

Pour tous renseignements sur :

→ Les ouvrages sur le pyrénéisme, la cartographie, les topoguides et les guides de randonnées du massif pyrénéen.

LA MAISON DE LA MONTAGNE

Centre d'Information et de documentation Montagne

Ouvert du lundi au vendredi, de 15h à 19h

7 rue Rossini / Quartier Berlioz / 64000 PAU

Tél. : 05 59 30 18 94 / contact@lamaisondelamontagne.org

Toutes les photographies sont de l'auteur, sauf p. 48 Colibri/A. M. Loubsens, p. 52 Colibri/V. et M. Munier, p. 64 Colibri/Th. Vezon, p. 116, 117, 118 Bruno Valcke

© E.S.O. / Rando Éditions

4, rue Maye Lane – 65420 Ibos
www.rando-editions.com
accueil@rando-editions.com

Dépôt légal : février 2008
ISBN 978-2-84182-341-3

Cartographie : Séverine Germain pour Rando Éditions,
Maquette et mise en pages : Pierre Le Hong / Rando Éditions
Photogravure : Isokéa (64, Anglet)
Imprimé par Oberthur Graphique (35, Rennes)
N° d'impression : 8261

Toute reproduction, même partielle, des textes, photographies et cartes interdite sur tous supports

L'auteur et l'éditeur vous suggèrent des itinéraires. En aucun cas ils ne peuvent être tenus pour responsables d'éventuels accidents ou de modification des conditions de réalisation des parcours décrits dans cet ouvrage (qui dépendent de la forme physique de chacun, des conditions météo, des équipements en plus ou moins bon état, de la signalétique éventuelle…).

Les appellations GR® (balisage blanc et rouge), GRP® (balisage rouge et jaune) et PR® (balisage jaune) sont des marques de la FF Rando.

Pierre Macia randonne au long cours, à la journée, en raquette ; il grimpe ; il lit. Et depuis quelque temps écrit des guides *(Le Guide Rando Pays du Mont-Blanc)* pour faire partager sa dévorante passion de la montagne, soutenue par une éthique et une esthétique. Cet accompagnateur de randonnée est un passeur.

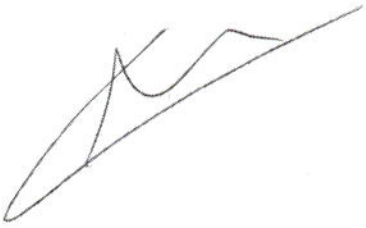

CE GUIDE est le résultat d'une itinérance sur un territoire d'un peu plus de 20 000 km^2. Il tente de s'éloigner des grands itinéraires touristiques pour découvrir le Pays basque, cette terre ardente qui crépite comme une étincelle dans l'angle sud-ouest de la carte de France.

Le Pays basque est un ensemble de sept provinces historiques unies par une même culture et une même langue, l'euskara. Pays des pêcheurs de baleine, des bergers néolithiques, des chamans d'Altamira, l'Euskadi plonge ses racines profondément dans la terre et la légende. Terre des hommes debout aussi, de la résistance à Franco et au pouvoir central de Madrid, de la communauté rurale des *fueros* et du génie cosmique d'Occabé, le Pays basque puise sa différence dans la langue et une culture uniques. On découvrira tout cela en parcourant la croupe verte des montagnes parmi les brebis manechs, les cromlechs et les cayolars irréels.

Dans cet ouvrage, nous avons privilégié les cinq provinces les plus proches de Bayonne et étendu les contours de notre géographie jusqu'aux portes de Dax et d'Oloron-Sainte-Marie.

Côté français, le **Labourd** borde le golfe de Gascogne et le littoral. Après Biarritz, la côte, composée par une succession d'admirables falaises, plonge directement dans l'Océan. Mais les charmes véritables du Labourd se situent ailleurs, à l'intérieur des terres, dans l'arrière-pays aux collines verte fluo, semées de maisons en blanc et rouge.

La **Basse-Navarre** est la patrie des bergers, des éleveurs, des forêts, des villages reculés. Elle a connu la prospérité économique grâce aux chemins de Compostelle et s'exprime par endroits avec de forts accents du Sud. On sent dans l'architecture et dans les mentalités que la frontière, ici, est artificielle, subjective et perméable.

Enfin, la **Soule,** adossée aux grands massifs pyrénéens, crevassée, torturée, plissée, est la province la plus sauvage. Dans ses parties les plus secrètes, elle est cuirassée par les extraordinaires causses desséchés des Arbailles et d'Anie.

Au nord, la montagne décroît doucement vers le bassin de l'Adour. On quitte le Pays basque pour aborder la Gascogne environnée des **barthes** humides **de l'Adour,** vers les méandres d'Urt, les vasières du Seignanx et de Dax.

Au-delà des Pyrénées, la **Navarre** est la plus grande des provinces basques. Pampelune, la romaine, fut brûlée par Charlemagne. Patrie de cœur d'Hemingway, l'auteur du *Soleil se lève aussi* aimait pêcher la truite dans le rio Irati pour récupérer de ces ferias païennes.

Enfin, on est allé voir le **Guipúzcoa,** où la montagne semble surgir de la mer. Industriel et touristique, comme sa sœur jumelle le Labourd, le littoral est ponctué de villages de pêcheurs et de stations balnéaires luxueuses. Cette côte qui a échappé au bétonnage possède un joyau : l'admirable *concha* de Donostia.

Les mauvaises langues prétendent qu'il pleut au Pays basque plus qu'ailleurs. C'est vrai, mais ici la pluie est chaude et douce, elle lave le ciel de ses scories et calme les énervés. Pour les bergers c'est une divinité qui couvre les estives de gentianes, alimente les sources et fait sortir les cèpes.

À vous de jouer maintenant, entrez dans le rêve…

N
OCÉAN ATLANTIQUE
GOLFE DE GASCOGNE
HOSSEGOR
CAPBRETON
A 63
1
ANGLET
BIARRITZ
BAYONNE
28
GUETHARY
SAINT-JEAN-DE-LUZ
2
HONDARRIBIA
18
HENDAYE
19
Jaizkibel
3
SAINT-PÉE-SUR-NIVELLE
D 932
CAMBO-LES-BAINS
ESPELETTE
6
Urs
20
DONOSTIA
IRUN
Col d'Ibardin
4
La Rhune
SARE
AÏNHOA
Artzamendi
VERA DE BIDASOA
Ibantelli
5
7
BIDARRA
21
Iparla
Col d'Ispeguy
9
ELIZONDO
SAIN ETIENN DE-BAIGOR
LES ALDUDES
22
Puerto de Velate
Collado de Urquiaga
ESPAGNE
Puerto de Ibañeta
RONCESVALLES

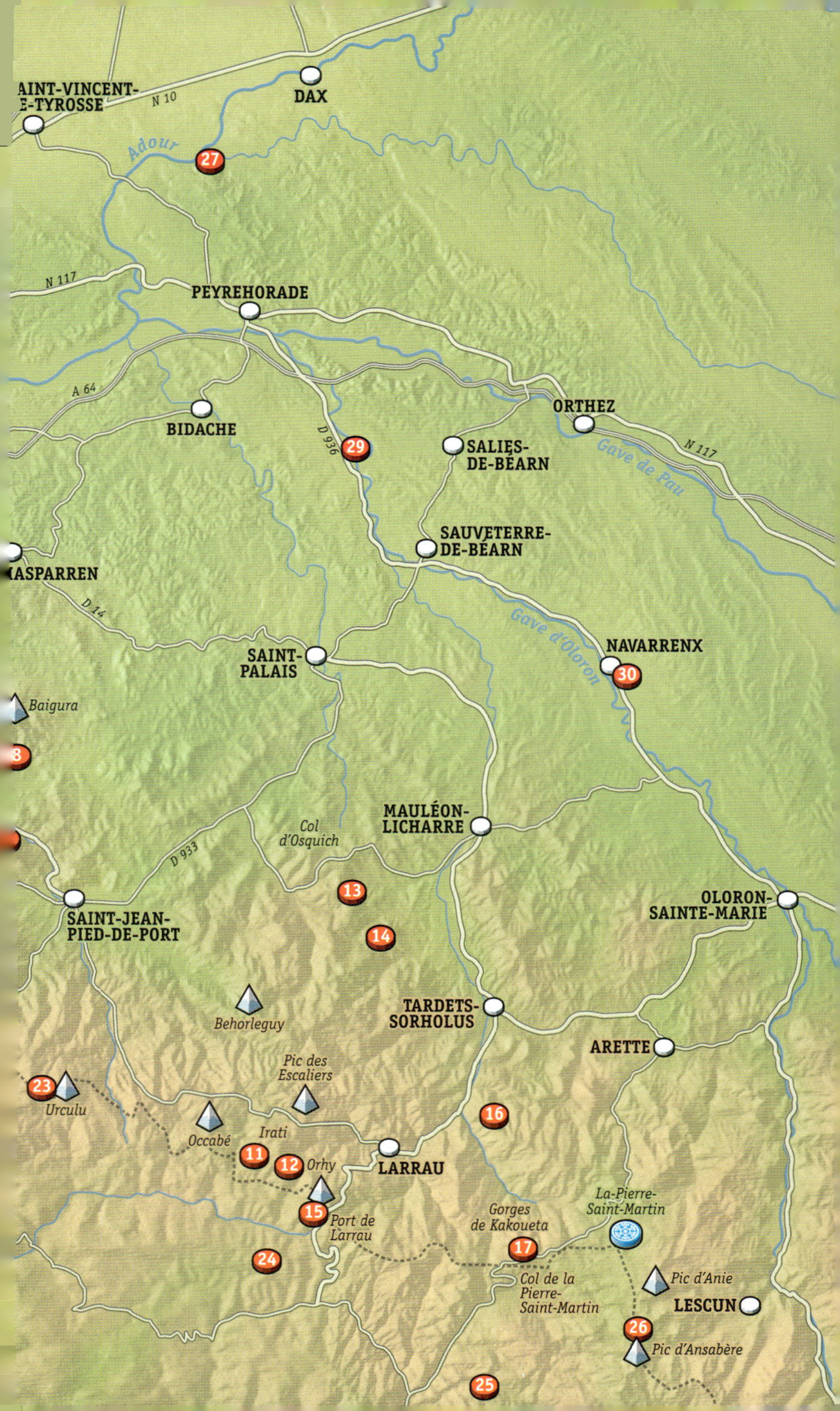

AINT-VINCENT-
E-TYROSSE
DAX
N 10
Adour
27
N 117
PEYREHORADE
A 64
BIDACHE
D 936
29
ORTHEZ
SALIES-
DE-BÉARN
N 117
Gave de Pau
ASPARREN
SAUVETERRE-
DE-BÉARN
D 14
Gave d'Oloron
NAVARRENX
30
SAINT-
PALAIS
Baigura
8
MAULÉON-
LICHARRE
Col
d'Osquich
D 933
13
SAINT-JEAN-
PIED-DE-PORT
14
OLORON-
SAINTE-MARIE
Behorleguy
TARDETS-
SORHOLUS
ARETTE
Pic des
Escaliers
23
Urculu
16
Occabé
Irati
11
12
Orhy
LARRAU
15
Port de
Larrau
Gorges
de Kakoueta
La-Pierre-
Saint-Martin
17
24
Col de la
Pierre-
Saint-Martin
Pic d'Anie
LESCUN
26
Pic d'Ansabère
25

Curiosités et tables accueillantes

Les curiosités à voir sont un mélange de musées, paysages, bazars bizarres, édifices religieux et fêtes traditionnelles (👁 **À voir** 🍴 **Où manger**).

Itinéraire 1

👁 Le musée Bonnat à Bayonne : **05 59 59 08 52**
👁 Le musée Basque à Bayonne : **05 59 46 61 90**
🍴 La Concha à Anglet : **05 59 63 49 54**
🍴 Le Bar du Marché à Bayonne : **05 59 59 22 66**

Itinéraire 2

👁 Le Domaine d'Abbadia : **05 59 20 37 20**
👁 L'Hétéroclito à Guéthary : **05 59 54 98 92**
🍴 Pantxua à Ciboure : **05 59 47 13 73**
🍴 Arroenia à Béhobie : **05 59 20 16 29**

Itinéraire 4

👁 Grotte de Sare : **05 59 54 21 88**
👁 Le train de la Rhune : **08 92 39 14 25**
🍴 Venta Yasola : **00 34 609 515 860**
🍴 Les Trois Fontaines, col de Saint-Ignace : **05 59 54 20 80**

Itinéraire 5

👁 L'église Saint-Martin à Sare
👁 La chapelle Saint-Nicolas à Sare
🍴 Olhabidea à Sare : **05 59 54 21 85**
🍴 Venta Loretxoa à Sare : **05 59 54 21 31**

Itinéraire 6

👁 La fête du piment à Espelette, dernier dimanche d'octobre
👁 La villa Arnaga à Cambo : **05 59 29 70 57**
🍴 Ithuria à Ainhoa : **05 59 29 92 11**
🍴 Le chêne à Itxassou : **05 59 29 75 01**

Itinéraire 7

👁 L'église Saint-Fructueux à Itxassou
👁 La fête de la cerise à Itxassou, premier dimanche de juin
🍴 Le chêne à Itxassou : **05 59 29 75 01**
🍴 Bar Doxpi à Espelette : **05 59 93 81 46**

Itinéraire 8

👁 La maison du Pottock à Antonenia
👁 L'Ospitalea d'Irissarry : **05 59 37 97 20**
🍴 Barberaena à Bidarray : **05 59 37 74 86**
🍴 Auberge d'Iparla à Bidarray : **05 59 37 77 21**

Itinéraire 9

👁 La cave aux fromages à Saint-Jean-Pied-de-Port : **06 72 53 82 03**
👁 La chapelle d'Occos et le quartier Leispars
🍴 Etche Ona à Saint-Jean-Pied-de-Port : **05 59 37 01 14**
🍴 Hôtel Arcé à Baïgorry : **05 59 37 40 14**

Itinéraire 10

👁 Cave coopérative des vignerons du Pays Basque à Baïgorry : **05 59 37 41 33**
👁 L'église Saint-Étienne à Baïgorry
🍴 Etche Ona à Saint-Jean-Pied-de-Port : **05 59 37 01 14**
🍴 L'Étape gourmande à Baïgorry : **05 59 37 41 36**

Itinéraire 11

👁 La grotte d'Arpéa et le col d'Orgambide
👁 Les sources de la Nive
🍴 Etche Ona à Saint-Jean-Pied-de-Port : **05 59 37 01 14**
🍴 Restaurant d'Irati à Larrau : **05 59 28 55 88**

Itinéraire 12

👁 Canyon d'Holçarté
👁 Gorges de Kakaouetta
🍴 Etchemaïté à Larrau : **05 59 28 61 45**
🍴 Choko Ona à Saint-Jean-le-Vieux : **05 59 37 13 67**

Itinéraire 13

👁 Églises romanes : haute ville à Mauléon, Ordiarp, Haux
👁 L'Hopital-Saint-Blaise
👁 Château d'Andurrain et château fort de Mauléon
🍴 Chilo à Barcus : **05 59 28 90 79**
🍴 Chez Château à Esquiule : **05 59 39 23 03**

Itinéraire 14

👁 Château d'Urrutia à Aussurucq
👁 Centre d'évocation du Patrimoine souletin d'Ordiarp
🍴 Auberge d'Ahusquy : **05 59 28 57 27**
🍴 Uhaltia à Tardets : **05 59 28 54 60**

Itinéraire 15

👁 Canyon d'Olhadibie
👁 Ochagavia et Izalzu, villages de Navarre
🍴 Piellenia à Tardets : **05 59 28 53 49**
🍴 Arrespedia à Larrau : **05 59 28 63 22**

Itinéraire 16

- Château de Trois villes à Trois Villes : **05 59 28 54 01**
- Églises à clochers trinitaires : Charitte-de-Bas, Gotein-Libarrenx, Aussurucq
- Auberge Elichalt à Sainte-Engrâce : **05 59 28 61 63**
- Etchemaïté à Larrau : **05 59 28 61 45**

Itinéraire 17

- L'église de Sainte-Engrâce
- Moulins à eau : Haux, Licq Atherey
- Auberge Elichalt à Sainte-Engrâce : **05 59 28 61 63**
- Etchemaïté à Larrau : **05 59 28 61 45**

Itinéraire 18

- Le Casco Viejo et l'église Nuestra Senora de la Ascunsion à Hondarribia
- Juli à Renterria : **0034 943 55 00 31**
- Labeko Exea à Irun : **0034 943 63 19 64**

Itinéraire 19

- La pointe Biosnar
- Le musée Chilida à Hernani
- Fagollaga à Hernani : **0034 943 55 00 31**
- Zuberoa à Oyartzun : **0034 943 49 12 28**

Itinéraire 20

- L'aquarium et le Musée naval à Donostia
- Arzak à Donostia : **0034 943 27 84 65**
- Martin Berasategui à Lasarte : **0034 943 36 74 71**

Itinéraire 21

- La plaza de los Fueros et l'église Saint-Jacques à Elizondo
- Le village d'Erratzu
- Txokoto à Elizondo : **0034 948 58 03 49**
- Irigoienea à Urdazubi : **0034 948 59 92 43**

Itinéraire 22

- Chapelle d'Esnazu
- Église des Aldudes
- Saint-Sylvestre aux Aldudes : **05 59 37 58 13**
- Erriguina à Banca : **05 59 37 40 37**

Itinéraire 23

- Le monastère et le musée de Ronceveaux
- Le mémorial de Roncevaux au col d'Ibañeta
- Hôtel Loizu à Burguete : **0034 948 760 008**
- Hostal Burguete (Hôtel Hemingway) à Burguete : **0034 948 760 005**

Itinéraire 24

- Sanctuaire de Musquilda
- La Foz de Lumbier
- Hostal Aunamendi à Ochagavia : **0034 948 89 01 89**
- Hostal Orialde à Ochagavia : **0034 948 89 00 27**

Itinéraire 25

- La fiesta de las Almadias à Burgui, premier week-end de mai
- La Foz de Arbayun
- Hostal Eskaurre à Isaba : **0034 948 89 33 03**
- Hostal Lola à Isaba : **0034 948 89 30 13**

Itinéraire 26

- Le Musée du fromage à Uztarroz
- Église San Cipriano d'Isaba
- Hostal Eskaurre à Isaba : **0034 948 89 33 03**
- Hostal Lola à Isaba : **0034 948 89 30 13**

Itinéraire 27

- Couralins d'Élie Marconnier : **05 59 56 88 15**
- Château de Guiche, abbaye d'Arthous
- Auberge La Galupe à Urt : **05 59 56 21 84**
- Hôtel restaurant Basque à Bidache : **05 59 56 00 12**

Itinéraire 28

- Le marais d'Orx
- La Réserve de Lesgau
- Auberge de Biaudos : **05 59 56 79 70**
- Chez Pétiole à Saint-Martin-de-Seignanx : **05 59 56 52 74**

Itinéraire 29

- L'église Saint-André et la tour Montréal à Sauveterre
- Le Musée du sel à Salies-de-Béarn
- Auberge Saint-Martin à Sauveterre : **05 59 38 55 92**
- La Belle auberge à Salies : **05 59 38 15 28**

Itinéraire 30

- La cathédrale Sainte-Marie à Oloron
- L'église Sainte-Croix à Oloron
- Chilo à Barcus : **05 59 28 90 79**
- Chez Château à Esquiule : **05 59 39 23 03**

L'estuaire de
et la Chambre d'Amour

Les Vikings, les Normands et vous

1

« Ici, le grand jeu, c'est la mer. Tout va à la mer, aux choses de la mer, aux hommes de la mer. » P. Mac Orlan

L'urbanisme de Bayonne plonge ses racines dans l'histoire. Ainsi, le premier noyau cerné par l'enceinte gallo-romaine occupait un promontoire entre Nive et Adour. Lapurdo, nom d'origine gauloise, désignait un port antique et dynamique. Bien que bordée de marécages, la ville était riche et populeuse.

L'Adour est le grand fleuve commercial qui unit cette région naturelle. Il prend sa source dans les Pyrénées, arrose la Bigorre, le Tursan, la Chalosse et finit sa course ici, à l'extrême pointe du Labourd. Pourtant, on ne sait rien de ce pays, la Gascogne, quand César, en 56 av. J.-C. , décide d'envahir l'Aquitaine. L'histoire est tumultueuse et le début du IXe siècle voit les Vikings s'emparer de cette cité renommée. Ils naviguèrent même sur l'Adour et pillèrent un grand nombre de communes vers l'aval. « Tout est ravagé, rien n'est épargné, dit saint Jérôme, par ce fleuve dévastateur. » Pourtant, ce sont les Normands qui lèguent au peuple basque la maîtrise des techniques de navigation ainsi que celles liées à la pêche à la baleine. Port de commerce, de marchands, de pêcheurs, de pirates, ville de garnison et arsenal, l'énergie de Bayonne a fermenté grâce à ce mélange curieux.

La promenade décrite traverse les strates de cette histoire complexe. Au début urbaine et industrielle, elle longe le fleuve nourricier jusqu'à son embouchure. Puis elle nous entraîne sur le front de mer parmi les demeures néo-basques édifiées au démarrage de la station balnéaire de Biarritz.

Accès Depuis l'hôtel de ville de Bayonne, prenez les allées Marines par la D 5 (avenue de l'Adour) en vous dirigeant vers la Barre et Anglet. Parcourez 3 km et garez-vous derrière le port de commerce, sur le parking du Blanc Pignon de la zone commerciale.

Période Toute l'année

Difficulté Sans problème apparent…

Dénivelé 30 m

Horaire 4h00

Carte 1344 OT Bayonne – Anglet – Biarritz

Remarques La promenade peut s'interrompre au bout de 2h00, au-dessus du VVF de la Chambre d'Amour, sur le boulevard de la Mer, où un bus permet un retour commode vers Anglet, le quartier de la Barre et l'avenue de l'Adour où est garé votre véhicule.

l'Adour

Tempête sur la Grande plage de Biarritz depuis la pointe Saint-Martin

0h00 Parking. Prenez la D5 vers la Barre, parcourez 250 m jusqu'au croisement de la promenade du Prince-Impérial où vous prenez à droite. Poursuivez jusqu'à une barrière qui commande l'accès au bois du Lazaret. Une allée cimentée prolonge la promenade, elle permet de s'élever sur une colline couverte de chênes liège et de pins. 10 min suffisent pour déboucher au point le plus haut en vue de l'Adour. Rejoignez le goudron à l'angle du club sportif des douanes de Bayonne et poursuivez tout droit.
Au bout de la rue ❶, prenez à droite dans la zone industrielle et longez les abattoirs jusqu'à l'Adour. Prenez à gauche une sente étroite qui longe l'extérieur du chantier naval CapMer. Longez le port de plaisance entièrement par la gauche et revenez au bout sur les berges de l'Adour en contournant le restaurant le Poisson à Voile.
Continuez tout droit jusqu'à la capitainerie en suivant la piste cyclable jusqu'au rond ; prenez « Les plages ; la Barre » en longeant le parcours acrobatique « Évolution Pays Basque. »

0h50 Au deuxième **rond-point,** prenez à droite « La Barre » et passez à gauche de la tour des Signaux, puis à droite de la patinoire par une immense esplanade.
Il ne reste plus qu'à suivre la plage de la Barre, puis celle des Cavaliers, vers le sud. Parcourez 3,5 km sur le front de mer en côtoyant le golf de Chiberta, les plages de la Madrague, des Corsaires, de Marinella, des Sables d'Or… jusqu'à la Chambre d'Amour (nombreux commerces).

Tour des Signaux, estuaire de l'Adour

LA CHAMBRE D'AMOUR ET L'URBANISME

À la fin du XIXe siècle, la lande de Chiberta offre des espaces encore vierges sur le vaste plateau qui surplombe la mer. On y construira un golf en 1888. Les vues sont admirables sur les Pyrénées et la longue houle de l'Océan vient s'écraser sur cette côte encore vide. L'essor de Biarritz entraîne une vague de construction sur ce quartier d'Anglet et la grotte mythique de la Chambre d'Amour apporte le cachet d'authenticité qui séduit l'imaginaire du touriste mondain. Les architectes Anatol et Durruhy bâtissent un établissement de bains et une piscine d'eau de mer et apportent la consécration. Mais la guerre ralentit l'essor immobilier et le changement des pratiques touristiques transforme la physionomie du quartier. Le VVF en est le symbole indélébile.

1h50 Poursuivez par la nouvelle **esplanade des Gascons** qui s'appuie sur les anciens bâtiments de l'école de Surf jusqu'à la plage du VVF, immense construction à l'architecture controversée. Contournez le bâtiment et poursuivez jusqu'au bout du parking où vous prenez une ruelle étroite qui grimpe la falaise jusqu'à la promenade du Grand-Large.
Prenez à droite l'esplanade Yves-Brunaud ❷, face au complexe Mer et Golf.

Pour les personnes qui veulent s'arrêter là : arrêt de bus, retour à la Barre par la ligne 9 ou la ligne C (Bayonne/Saint-Pierre-d'Irube).

Pour accéder au phare de la pointe Saint-Martin : prenez à droite l'avenue Mc-Croskey jusqu'à la villa Le Cap, puis à droite la rue d'Haitzart, adorable méandre qui permet de gagner l'esplanade Elisabeth II d'où émerge…

2h20 **Le phare.** Faites-en le tour et revenez à contresens par l'avenue de l'Impératrice jusqu'à reprendre l'avenue Mc-Croskey qui conduit à la place de la Chapelle par le boulevard de la Mer.
Prenez à droite l'avenue de la Chambre d'Amour en direction des Cinq Cantons, parcourez 100 m et prenez à gauche ❸ la rue de Bouney. Passez devant le CCAS et parcourez 200 m jusqu'à croiser la rue du Moulin-Barbot. Suivez-la à droite et remontez jusqu'au grand rond de la promenade de la Barre.

2h50 Prenez en face l'**avenue de Montbrun** sur 500 m et longez le couvent des Bernardines jusqu'au chemin

de Porte. Longez-le sur 300 m jusqu'à un croisement : laissez le chemin de l'Abbé-Lartigau à gauche. Choisissez en face un chemin sablonneux qui conduit à une fourche. Prenez à gauche, puis de suite à droite le sentier du Petit Palais (pancarte). Il conduit à une barrière qui commande l'accès à la forêt de la Pignada.

3h15 Prenez à droite pendant 500 m un **chemin sablonneux** balisé de piquets chapeautés de vert ; il coupe un chemin cimenté au lieudit les Piecottes. Poursuivez en face, en direction de Blanc Pignon, jusqu'à rejoindre l'asphalte à gauche du cimetière.

Prenez l'allée de l'Esquiro qui conduit à l'église de Blanc Pignon, puis l'allée de l'Église qui conduit à la D 5 (avenue de l'Adour). Il ne reste plus qu'à suivre la D 5 à droite et retrouver le...

4h00 Parking de Blanc Pignon.

Le sentier du

de Guéthary à Hendaye

La côte des Basques

2

Les rochers des Deux Jumeaux à Hendaye

Pointe Sainte-Barbe

« Il n'y a pas d'oreille plus attentive aux messages de la mer que celle d'un montagnard. » **P. de Bellefon**

Aménagé avec l'aide de botanistes et d'urbanistes, le sentier du littoral reliant Bidart à Hendaye a été inauguré en 2005. Pourtant, on pourrait croire qu'il existe depuis toujours. Son empreinte semble appartenir à tous les paysages. Ceux-ci, comme toutes choses, subissent les outrages du temps et le ravalement des hommes. Artificiel, le sentier longe les routes, traverse les zones urbaines et relie les hommes entre eux. C'est le propre des voies de communication. Ici, le travail a été énorme et il se voit. L'empreinte des paysagistes, comme le ciseau du sculpteur, a modelé les formes et l'œuvre mérite le respect. Parcourir ce chemin nous plonge dans le souvenir des grandes traversées. Tout le long, son parcours flatte les jambes du randonneur et séduit le regard. Longtemps, le sentier musarde sur le fil des falaises avec en toile de fond les Pyrénées qui viennent mourir à Hendaye, au pied des Deux Jumeaux. La côte basque étire son échine le long du golfe de Biscaye et loin au large, Belhara, la vague légendaire, déroule sa longue houle à l'aplomb de Socoa. Parcourir ce sentier, c'est revisiter l'histoire du Pays basque, jusqu'à en raconter la géologie avec les flyschs des falaises de Socoa. C'est aussi une succession de patrimoine bâti remarquable et de petites merveilles cachées dans les replis du paysage comme la colline Sainte-Barbe, les viviers d'Urrugne. L'histoire s'achève, au bout de la course, aux portes du domaine d'Abbadia.

Port de Saint-Jean-de-Luz

Accès Sur l'A 63, prenez la sortie Saint-Jean-de Luz nord, suivez au nord la N 10 en direction de Guéthary, puis la direction centre-ville à gauche. Vous trouverez un parking à droite de la gare de Guéthary, en amont de la terrasse Pierre-Louis.

Période Toute l'année

Difficulté Facile et balisé, mais assez long (n'oubliez pas le maillot de bain)

Dénivelé 100 m

Horaire 6h00

Carte 1245 OT Hendaye

0h00 Guéthary. Face à l'océan, prenez la direction du port et venez longer le front de mer par la jetée des Alcyons. Au bout de la jetée, montez une centaine de marches à travers les tamaris et rejoignez, tout en haut, le chemin des falaises.

Parcourez 750 m jusqu'à la plage de Cenitz et descendez le chemin du même nom jusqu'à la station d'épuration.

Traversez un parking par la gauche et gravissez la colline de Cenitz (espace protégé) par des marches aménagées où vous trouvez un panneau d'information (les Basques et l'océan). Derrière, redescendez la colline et franchissez par une passerelle le bras d'un cour d'eau (Baldareta).

Longez la plage, puis rejoignez le goudron. Parcourez 500 m jusqu'au camping Merko Lacarra et la plage de Mayarco que vous dépassez (nombreux campings). Parcourez encore environ 700 m.

1h00 Devant l'entrée du **camping Playa Acotz,** plongez à droite par un chemin aménagé qui longe la plage d'Acotz (plage Lafitenia sur IGN) où vous rejoignez l'entrée d'un parking. Continuez à droite par un sentier sablonneux qui surplombe la plage pendant 600 m, jusqu'à l'embranchement d'un chemin sans issue. Prenez à gauche en descendant et rejoignez le goudron à l'angle d'un cyprès géant.

Prenez à gauche un chemin goudronné sur 150 m qui mène à un croisement à trois branches : laissez le chemin Murillo à gauche et poursuivez en face pendant 400 m, jusqu'à l'entrée de la plage d'Erromardie que vous longez. Le snack L'Océanique commande l'accès à une passerelle.

Le Jaizkibel depuis Sainte-Barbe

Traversez et longez la plage d'Erromardie jusqu'à la Croix d'Arxiloa, au départ du jardin botanique, en vue de Saint-Jean-de-Luz. Croisez un parcours sportif avant de rejoindre une piste cyclable qui conduit à la chapelle dédiée à Firmin Van Brée.

1h30 Rejoignez la **pointe Sainte-Barbe** avec son promontoire. Une courte traversée à flanc vous permet d'atteindre la promenade des Rochers et la promenade de la Plage qui devient la promenade Jacques-Thibaud en longeant la baie de Saint-Jean.
Traversez la ville vers le port par la rue de la République, jusqu'à la place Louis XIV, et rejoignez la N 10 qui franchit la Nivelle (panneau d'information face au port).

2h00 Traversez Ciboure par le **quai Maurice-Ravel,** puis le boulevard Pierre-Benoit qui conduit jusqu'à l'entrée de Socoa. Longez le port par le chemin des Blocs.
Prenez la rue Passicot un court moment, puis la rue du Lavoir. Empruntez à droite la rue du Sémaphore, puis la rue du Phare. Empruntez un sentier étroit qui contourne le sémaphore par la droite ; parvenez à…

3h00 Un **bunker.** Rejoignez la D 912 que vous longez jusqu'aux Viviers Basques où vous descendez (Panneau « Estran et géologie du littoral »).
Poursuivez au sud en longeant la D 912 que vous abandonnez pour prendre à droite en contournant le domaine d'Haizabia, aujourd'hui colonie SNCF.

4h00 Longez la **piscine** d'eau de mer aux dimensions imposantes (100 m x 24 m) et remontez par un sentier sablonneux jusqu'au sommet d'une colline qui permet de rejoindre Asporotsttipi.
Vous entrerez dans le domaine d'Abbadia presque sans vous en apercevoir en parvenant à l'aplomb de la baie de Loia, que vous contournez (un chemin escarpé en descente à droite permet d'atteindre la plage). Rejoignez un croisement 150 m avant le château d'Abbadia (panneau « Maison des Landes »).
Prenez à droite (ouest) en traversant la lande et rejoignez la sculpture de la *Rose des Vents,* tout au bout de la pointe Sainte-Anne. Longez une falaise abrupte, puis contournez par le sud la maison des Landes.

5h00 Prenez à droite vers le **parking d'Abbadia,** puis encore à droite vers la station d'épuration. Franchissez une barrière et rejoignez le sable de la grande plage d'Hendaye, au pied des Deux Jumeaux. Longez une jetée et remontez sur le boulevard de la Mer que vous longerez jusqu'au milieu.
Prenez à gauche la rue des Prunus qui conduit à l'église et au rond-point du Père-Simon. Suivez en face la rue des Lilas, longue ligne droite qui franchit une dernière bosse sur laquelle est située la...

6h00 **Gare** des Deux Jumeaux.

HORAIRES DES TRAINS SNCF

(Changent tous les 6 mois)
Départ *Hendaye Deux Jumeaux*
Arrivée *Guéthary*

Dimanche et fêtes :
D *17h04* → A *17h20*

Semaine : D *18h42* → A *18h57*

Tous les jours :
D *15h34* → A *15h48*

La plage d'Erromardie

La boucle du

Sagesse du pottock

3

Un pottock roux traverse un champ d'asphodèles aux longues hampes bercées par le vent. Sa petite taille le fait à peine dépasser des tiges les plus hautes. Le soleil éclaire chaque poil de sa crinière séparément et leur donne une vibration cristalline. Son regard doux croise le mien. J'ai un sac à dos et je souffle. Lui semble là depuis toujours, accroché aux pentes de la Rhune quand cette montagne ne portait pas de nom, face à cet horizon dont personne ne peut expliquer le début.

Il a partagé le même pays que les chasseurs solutréens qui taillaient des pointes de flèches fines et longues comme des feuilles de laurier. Il a traversé l'histoire humaine avec une persistance qu'on ne peut même pas imaginer. Il est l'arrière-petit-fils d'un monde oublié et semble en posséder la sagesse. Sans sa présence régulière, la montagne basque ne serait plus la même.

Le Xoldokogagna est la dernière montagne des Pyrénées françaises, à l'ouest. Du sommet, la baie de Chingoudy, hérissée de voiles blanches, paraît très proche, comme la longue plage d'Hendaye où s'enfoncent les Deux Jumeaux. Les paysans basques appellent ces deux blocs cyclopéens les pierres de la fronde (Aballa arriyak). La légende prétend qu'ils furent lancés par la fronde d'un *gentil,* le géant de la mythologie basque, dans l'intention de détruire la cathédrale de Bayonne. Mais ils se plantèrent là, au bout de la *concha* d'Hendaye, annonçant pour les montagnards la fin des Pyrénées.

Le lac des Poiriers

Accès Depuis Saint-Jean-de-Luz, allez jusqu'à Ascain (D 918), puis empruntez la D 4 vers Olhette que vous dépassez de 1600 m pour prendre à gauche la D 404 vers le col d'Ibardin.

Période Toute l'année, sauf périodes de chasse (octobre à décembre)

Difficulté Facile, balisé à 80 %

Dénivelé 720 m

Horaire 4h15

Carte 1245 OT Hendaye – Saint-Jean-de-Luz

Xoldokogagna

La baie du Figuier et Hondarribia depuis le sommet du Xoldokogagna

0h00 **Ibardin.** De la Venta Elizalde, au plus haut de la route, prenez un chemin qui file vers l'ouest en suivant le balisage du GR 10. Une montée raide mais rapide permet de longer un bois de pins pour déboucher sur un épaulement où la vue se découvre vers le Jaizquibel et le Xoldokogagna, grosse bosse pelée à l'ouest.
Contournez le sommet du Mandale horizontalement sur environ 500 m, puis amorcez la descente vers…

0h25 Le **col des Joncs** (419 m ; grande vue sur les Trois Couronnes). Poursuivez en descendant en vue du lac d'Ibardin (lac des Poiriers) en contournant le mamelon du Faalegi qui propose un promontoire rocheux et gagnez, toujours en descendant, le col des Poiriers (316m ; Pitara sur l'IGN) qui domine une branche du lac. Une variante du GR 10 plonge à gauche (sud) à l'angle d'un bois de mélèzes : ignorez cette direction et poursuivez tout droit en remontant légèrement au milieu des fougères où on retrouve des marques du GR 10 jusqu'au…

1h00 **Col d'Osin** (370 m) ; belle vue sur San Sebastian (panneau « Olette et Hendaye à 3h »). Remontez vers le nord la croupe herbeuse et rejoignez les ruines d'une vielle cabane à l'est du sommet du Xoldokogagna.

1h30 Gagnez le sommet du **Xoldokogagna** (486 m) en tirant vers l'ouest ; borne géodésique. Vue magnifique.

LES POTTOCKS

Vous aurez peut-être la chance de surprendre une bande de pottocks (*pottoka* signifie petit cheval en basque) broutant tranquillement. Il faut les approcher doucement, sinon au moindre geste brusque, ils risquent de détaler au galop. Leur taille varie de 1,15 m à 1,32 m maximum, et leur morphologie particulière, gros ventre, pattes fines et courtes, les fait ressembler à des jouets pour gosse. Sauvage et doux, le pottock à la robe claire parcourt la montagne au rythme des saisons. Ils trouvent leur nourriture sur place (herbes, ajoncs, feuilles, écorces) au cours de leurs déplacements.
Ce cheval très résistant issu d'une race primitive (cheval de Przewalski) fut utilisé dans les mines à cause de sa petite taille, pour l'agriculture et par les contrebandiers pour son aisance en montagne.

Face à la Rhune, suivez un bon sentier qui file à l'est, puis traverse des ruines de cabanes et bientôt plonge au nord-est, au milieu des fougères. Une descente régulière conduit à une ruine posée sur un épaulement herbeux marqué d'une croix (377 m). Poursuivez par une descente assez raide et, au niveau du mont du Calvaire, à l'ouest, commencez à tirer à droite pour viser la station de filtration du lac des Poiriers (le Filtre).
Face à un portillon métallique ❶, tirez à droite (sud) par un bon sentier qui plonge en angle droit (240 m) et poursuivez par un sentier empierré qui file au sud.
Un peu en dessous du barrage du lac des Poiriers, rejoignez un croisement (232 m) commandé par une bergerie au toit de tôle. Laissez au nord la direction de la Chaîne et continuez en face (sud) pour grimper jusqu'au...

2h45 Niveau du **barrage.** Sans le franchir, continuez en face en suivant la rive gauche du lac. Rejoignez une

Peñas de Haya dans le lointain

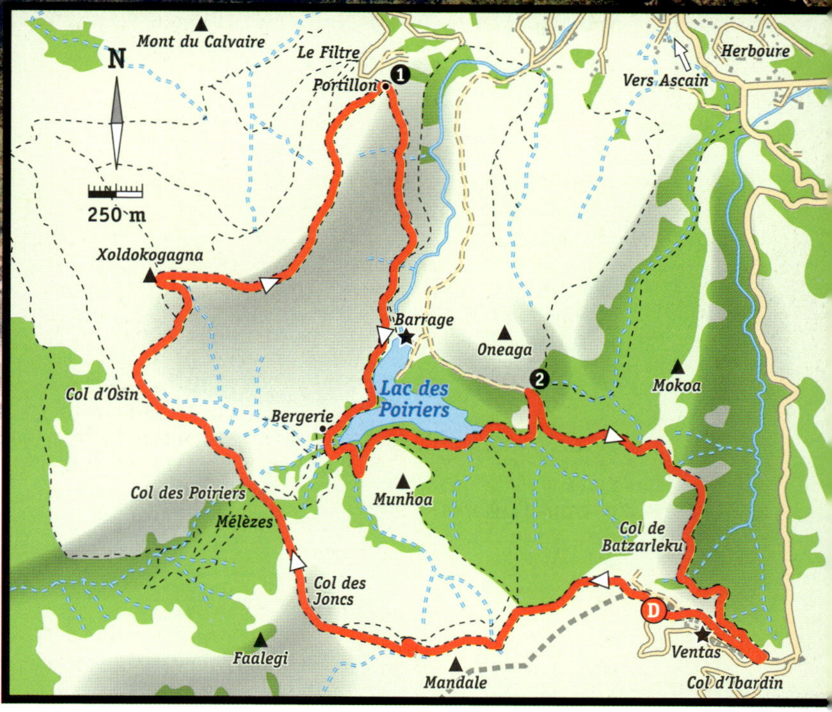

bergerie avant de franchir un premier ruisseau important. Parcourez 200 m et traversez un deuxième ruisseau peu important. Ignorez à droite un départ de chemin et continuez à flanc sur 500 m pour franchir un troisième ruisseau plus important.

Ignorez plusieurs chemins de débardage à droite et contournez le lac jusqu'à un quatrième ruisseau qu'il faut franchir à l'angle sud-est du lac. Longez le grillage du lac et parvenez à un croisement de chemins dominés par des chênes remarquables.

3h30 Prenez la **piste** à droite ❷, au sud-est, et gagnez une nouvelle esplanade dominée par des chênes superbes. Longez la piste pour déboucher en vue d'un grand parking au pied des premières ventas d'Ibardin.

4h15 Remontez à droite jusqu'à la **Venta Elizalde** par l'unique rue.

La Rhune

La vue des vues

4

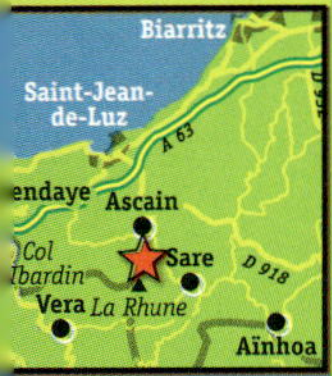

Sommet de la Rhune

La Rhune est l'ultime montagne significative des Pyrénées basques vers l'ouest. Entre elle et les rochers des Deux Jumeaux, seule une dernière bosse empêche la fin inexorable de la grande chaîne : le Xoldocogagna. La Rhune, « montagne modeste, assurément, domine un des plus vastes horizons maritimes d'Europe » clamait le comte Russell et il ne se trompait jamais. Choisissez la fin de l'automne pour gravir le sommet car la vue y est prodigieuse, une des plus belles des Pyrénées quand la lumière prend la transparence du cristal. Par une matinée limpide, on peut embrasser d'un coup d'œil près de 200 km de côte frangée d'écume. Depuis les collines de Bilbao, qui s'évanouissent dans l'Océan, jusqu'aux dunes des Landes, c'est le golfe de Gascogne qui expire à vos pieds. 150 km plus à l'est, jusqu'au pic du Midi de Bigorre, les vallées et les pics pyrénéens répondent comme un écho rocheux aux déferlements des vagues. Parsemée d'une infinité de maisons blanches, la campagne basque s'étire dans les confins de l'Adour où s'élève la fumée des usines de Tarnos. Quand l'air prend la transparence et la limpidité d'un souffle, les horizons partagés de ces montagnes sont à l'image de ce pays heureux. *« Oy ser bakia ! Oh, quelle paix ! »* semble murmurer le vent.

Accès Depuis Urrugne, empruntez la D 4 en direction d'Ascain. Laissez la direction du col d'Ibardin en poursuivant vers l'ouest pendant 2,5 km et tournez à droite au niveau du bar Trabanea. Le chemin goudronné de Xurien Borda (panneau « La Rhune ») vous conduit à un vaste parking, près du gîte d'étape Manttobaita.

Période Du printemps à l'automne

Difficulté Randonnée facile (et balisée en grande partie) jusqu'au sommet de la Rhune ; si le brouillard arrive, il vaut mieux renoncer à la descente proposée et revenir sagement par le chemin de la montée

Horaire 4h00

Dénivelé 780 m

Carte 1245 OT Hendaye – Saint-Jean-de-Luz

Table d'orientation

Maisons d'Ascain

depuis Olhette

Cairn géant de la Petite Rhune

0h00 **Parking.** Prenez un large chemin vers le sud-est, commun avec le GR 10, et franchissez une barrière (à refermer). Longez la rive gauche du ruisseau de Larrungo et montez à travers les chênes et les châtaigniers. Parvenez à un croisement où vous prenez à gauche en suivant un chemin raviné.

0h15 Nouveau croisement au raz d'une **grange** aux murs de bardeaux : prenez à droite en direction de la Rhune qu'on voit nettement.
Atteignez un col sans nom à 240 m avec vue sur Saint-Jean. Prenez en face en montant sur une épaule herbeuse régulière, puis venez longer le sud de la falaise d'Ihizelaia (Miramar).

1h30 Passez en **contrebas du col des Trois Fontaines** (563 m), croisement du chemin d'Ascain où vous abandonnez le GR 10 pour un chemin très net qui se dirige sans faiblir vers le cône sommital de la Rhune. Il longe la lisière d'un bois de pins et, vers 640 m, amorce une série de virages à l'aplomb du sommet convoité. Gravissez des pentes régulières où le sentier se faufile entre les blocs de grès épars ; franchissez la voie ferrée à l'est de la station terminale du petit train.

2h15 Le sommet de **la Rhune** (905 m) s'atteint par un escalier. Vue immense depuis la table d'orientation.
Tirez vers l'est en traversant l'esplanade des ventas et prenez la piste qui arrive du côté espagnol. Au niveau de la borne frontière 25, sur un petit col (abri), la piste vire à l'ouest dans une épingle à cheveux et poursuit sa descente versant espagnol jusqu'au…

2h45 **Col de Zizkouitz** (670 m) où il faut abandonner la piste pour se diriger vers une sente à flanc qui part versant nord. Passez sous un premier sommet (702 m), et longez des hêtres immenses aux branches tordues par le vent, pour atteindre un petit col (665 m), BF 22 à l'est de la Petite Rhune. Une marche à facile (15 min) permet d'atteindre le sommet (700 m), surmonté d'un gigantesque cairn.

LA VENTA YASOLA

Si l'on démarre l'ascension de la Rhune au point du jour, on peut se retrouver à midi devant un plat de costillas et une ensalada mixta au goût inimitable. Pour cela, une halte est obligatoire, sur le chemin du retour, à la Venta Yasola, véritable institution du lieu. Sur le versant sud, perchée au-dessus de Bera de Bidassoa, à mi-pente du col d'Escargas, la venta est depuis 1945 le rendez-vous des chasseurs et des bergers. Elle ne proposait à l'origine que des produits de première nécessité et un coin gras de table. Mais depuis 1967, du 15 juillet au 15 août, Marie-Carmen et Mertxe Perugorria concoctent, pour le pèlerin échoué, un casse-croûte incomparable. Le menu va à l'essentiel : du fromage, du jambon, des frites, une omelette aux piments, des côtelettes accompagnées d'un vin rouge râpeux comme l'accent d'une chanson de montagnards.

Revenez en marche arrière pour contourner la Petite Rhune par son versant nord, puis suivez en descendant une croupe herbeuse vers l'ouest jusqu'à un col côté 537 m. À une fourche, deux chemins se présentent au raz d'une plantation de mélèzes.

3h30 Prenez le **sentier supérieur** qui contourne le Subisia (568 m), couronné de blocs rocheux, par le nord-ouest, et passez sous une tourelle de grès. À l'aide de quelques virages, plongez et rejoignez le...

3h45 **Col d'Escargas** (273 m). Poursuivez vers le nord, facilement, jusqu'à une dernière fourche – située à 200 m de distance de la voiture (invisible) – où vous prenez à droite jusqu'au ruisseau de Larrungo qu'il faut franchir pour retrouver...

4h00 Le **parking.**

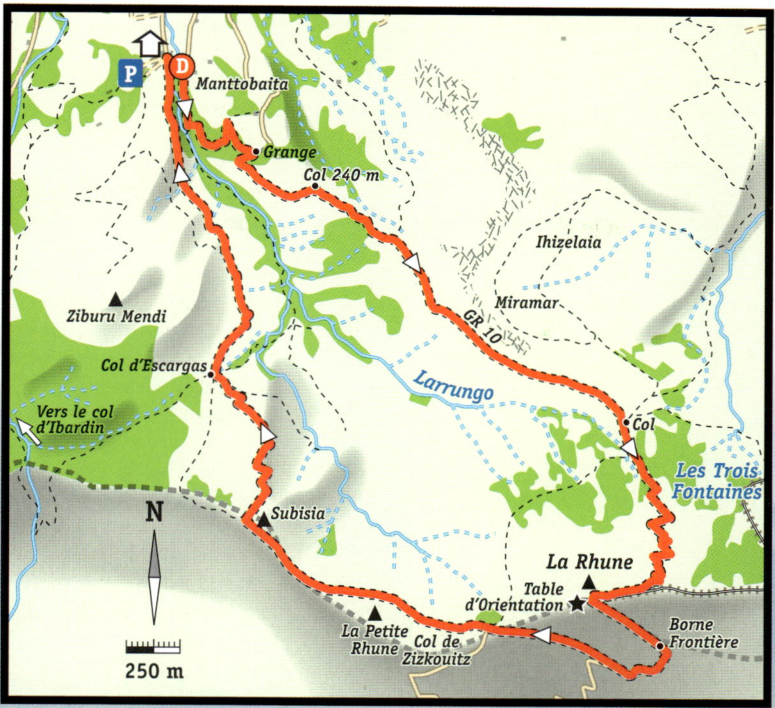

La vallée de la Bidassoa sous la brume

L'Atxuria et la boucle de Zugarra

La sorcière et le laminak

5

« Le Diable au Sabbat estoit assis dans une chaire noire, si espouvantable et si affreux qu'il est impossible de le dépeindre… » P. de Lancre.

La grotte des sorcières à Zugarramurdi se présente sous la forme d'un porche géant percé dans une muraille calcaire. L'unique salle de 100 m de long est parcourue par le torrent d'Urbia. La légende prétend que des sabbats s'y sont tenus, accompagnés de messes noires parodiant les messes chrétiennes. Par les chaudes nuits d'été que présidait Akerbeltz, le bouc noir, démons et succubes se livraient à des bacchanales qui se déroulaient dans le pré de *Berroskobero.* Les sorcières venaient lui offrir des œufs, du pain, de l'argent et se délectaient de chair humaine en dansant au son du tambourin. Mais la religion veillait. À une journée de cheval de la cathédrale de Bayonne, elle ne pouvait laisser de telles pratiques se répandre. En 1609, sous la conduite de Pierre de Lancre, conseiller au parlement de Bordeaux, on jeta des centaines de personnes en prison. Près de huit cents d'entre-elles furent présentées au bûcher. À Logroño, en novembre 1610, quinze sorcières et sept sorciers finirent dans les flammes. Dans ces contrées au paganisme tenace, où les arbres, les sources étaient encore l'objet de croyances vivaces, pays des *gentils,* des *lamin,* pays à la langue incompréhensible, aux frontières indéfinies, l'église se devait de rappeler son autorité. Brûler quelques sorcières illuminées, effrayer des paysans jusqu'alors indépendants, justifiait cette boucherie. Pierre de Lancre préférait, dit-on, la mort de quelques innocents à l'impunité d'un seul sorcier…

Accès Depuis le village de Sare, prenez la route du col de Lizarrieta (D 306) et suivez la direction des grottes de Sare. À 4 km environ, quittez la D 306 pour une petite route conduisant aux grottes. Dépassez l'entrée et montez vous garer au parking supérieur.

Difficulté Facile, presque entièrement balisé

Période Du printemps à l'automne

Dénivelé 570 m

Horaire 4h30

Carte 1245 OT Hendaye – Saint-Jean-de-Luz

Campagne près de Sare

0h00 **Parking des grottes.** Prenez en face un chemin rouge fermé par une barrière canadienne (panneau « Atxuria à 2h15 + Venta Loretxoa »). Poursuivez sous les frondaisons de quelques noisetiers pour sortir rapidement à découvert et parvenez à...

0h20 Un **panneau** « Atxuria » sur le bord du chemin rouge ; continuez à monter pendant 5 min jusqu'à un virage prononcé proposant la direction de la Venta Loretxoa et son balisage de petites fleurs que vous ignorez pour continuer à gauche.

0h50 À mi-pente (545 m) au **croisement** de chemins, prenez à droite (sud-ouest) et montez vers la crête de l'Atxuria.

1h00 Effectuez un virage à gauche au raz des **blocs rocheux** (570 m) pour monter au S.-S.-E. en suivant un sentier qui s'efface par moments. Il vient longer la crête sud de l'Atxuria, traverse des bancs de grès glissants pour déboucher ...

2h00 Au sommet de l'**Atxuria** (759 m) surmonté de deux immenses cairns.

Pour la descente, une bonne visibilité est nécessaire. Suivez la crête disloquée vers l'est en empruntant un sentier glissant qui s'insinue entre des bandes de grès et qui est balisé d'un trait jaune jusqu'à un col marqué d'un immense cairn posé dans un enclos de pierre (650 m). Descendez alors

LES LAMINAK OU LAMIN

« Tout ce qui a un nom doit exister »
Les peuples du nord ont les elfes, les gnomes, les lutins ; les Basques ont les lamin. « Petits êtres couverts de longs poils, barbus comme des singes », ils possèdent en outre des pattes de poule, de canard ou de chèvre. Certains prétendent qu'ils ont un seul œil sur le front ou qu'ils éclairent par la bouche.
On ne connaît pas bien leur sexe, mais sur la côte, on croit qu'ils ont la partie inférieure en forme de queue de poisson.
Les lamin vivent en général dans les grottes, les nappes d'eau dormante, les sources ou les rivières. Pour s'occuper, ils filent la quenouille. Ils ont construit la plupart des dolmens et certains ponts. Ils se nourrissent de pain, de lard et boivent du cidre comme les humains et, parfois, ils peuvent avoir une belle apparence, si bien que certains hommes en sont tombés amoureux. Enfin, de nos jours, on a peu de chance d'en voir parce que c'est la multiplication des chapelles qui a signé leur fin, et autour de Sare on en a compté neuf.
(D'après J.-M. de Barandiaran)

à droite (plein sud) au début sur ce chemin balisé, puis 100 m sous le col laissez le partir à droite vers Etxalar et tirez hors sentier vers l'est en visant un groupe de sept chênes isolés posés dans un paysage ouvert.

2h30 Un **sentier** démarre à son angle nord (565 m) et file à découvert vers l'est. Dépassez une source et bientôt vous serez en vue du col d'Ibaineta (512 m) qui domine une plaine humide (tourbière) au sud et une forêt de mélèzes au nord.
Croisement de chemin (panneau) : prenez au nord et traversez la forêt de mélèzes sans perdre d'altitude au début, puis plongez en suivant un ruisseau jusqu'à...

3h00 Rejoindre le goudron d'une piste qui démarre au niveau d'une **grange rénovée** (Gaineko Borda). Suivez la piste à gauche (vers Sare), descendez quelques mètres et prenez à droite après un portail, derrière de gros blocs de conglomérat, un sentier étroit balisé jaune et blanc qui descend fortement, plonge dans un bois et conduit à des bâtiments en ruine où coule un torrent. Suivez la rive gauche du torrent jusqu'aux premières maisons du village.

3h30 Prenez à droite sous le cimetière de **Zugarramurdi** et entrez dans le village. Traversez la place de l'église et suivez la direction de la grotte des Sorcières (panneau et balisage vert et blanc). Suivez une ruelle et passez devant le musée de la Sorcellerie (maison Hospital). Parcourez 500 m par un chemin dallé et laissez les grottes à gauche pour parvenir à un...

4h00 **Croisement.** Prenez à gauche, direction Sarako Lezeak, et suivez maintenant la trace d'un petit cheval bleu servant de balisage. Atteignez un chemin dallé (155 m) qui plonge, franchit le ruisseau d'Urbia qui sort des grottes, et remontez en face un chemin aménagé. À mi-

pente, prenez à droite un chemin dallé (cheval bleu) et débouchez sur un chemin goudronné. Suivez-le à droite jusqu'à un croisement. Prenez à gauche un chemin blanc et venez longer un sentier d'interprétation (avec haut parleur !). Parvenez à un nouveau croisement en amont de la Venta Anton. Prenez à gauche et, 100 m plus loin, suivez une flèche qui propose de descendre. Contournez le parking de la Venta et rejoignez un chemin goudronné qui vous ramène au...

4h30 Parking des grottes de Sare.

Sur la crête de l'Atxuria

Le tour de

La montagne des sources

6

Cambo, stèle dédiée à Chiquito

Piments

L'eau est une richesse naturelle de l'Ursuya. Elle est abondante, elle court partout et ruisselle dès les premières averses. L'imperméabilité à très faible profondeur fait qu'elle est restituée rapidement par les sources.
Ur désigne l'eau en basque. C'est un élément naturel auquel sont associées de nombreuses croyances. L'eau de certaines fontaines a des vertus magiques. En Euskadi, les sources sont fréquentes et souvent sacrées. Leur existence est liée à des faits prodigieux. Elles guérissent les maladies de peau, les ulcères, la stérilité des femmes. Elles prennent un caractère religieux et magique. Elles se nomment : fontaine Sainte, fontaine des Anges, source de la Dame. Des ex-voto en tapissent les abords. On croit voir des empreintes de doigts dans la pierre, la trace des pieds de la Vierge.
Quand les champs manquaient d'eau, on aspergeait les sillons d'eau bénite comme on bénissait les enfants et le bétail. L'eau bue à la saint Jean possède des vertus bénéfiques et celle recueillie le dernier jour de l'année assure la santé pour l'année qui vient.
Les sources de Cambo sont connues dès le XVIIe siècle et on leur a attribué des vertus exceptionnelles. Elles ont vu défiler la reine d'Espagne, Napoléon III et Edmond Rostand. Mais devant le succès, les groupes commerciaux ont débarqué. Ils ont canalisé les eaux. Les légendes franchissent mal les robinets et les fées ont déguerpi. Les espaces thermo-ludiques et thérapeutiques ne supportent pas la concurrence.

Table d'orientation près du sommet de l'Ursuya

Accès Depuis Cambo-les-Bains, prenez la direction d'Hasparen, franchissez la Nive, puis suivez la D 10 jusqu'à Urcuray. Parking devant le fronton et derrière l'église.

Période Toute l'année, hors périodes de chasse (octobre à décembre)

Difficulté Facile et balisé

Dénivelé 860 m

Horaire 4h30

Carte 1345 OT Cambo-les-Bains

l'Ursuya

0h00 **Urcuray.** Prenez une ruelle derrière la maison Beratexia et suivez-la vers le sud sur 450 m. À une fourche avant un petit ruisseau : prenez à gauche. Montez 300 m rive droite du ruisseau et trouvez une borne en pierre (Ursuya inscrit dessus) avec un panneau info dans une clairière (« Haizabia »).

Prenez en face ❶ rive gauche du ruisseau un chemin de terre balisé en jaune qui s'élève et qui longe la rive puis s'en éloigne jusqu'à un croisement borné d'un énorme chêne. Prenez à droite en sous-bois et, au bout de 250 m, rejoignez la rive du ruisseau (quelques jolies cascades). 100 m plus loin, franchissez une clôture par une échelle. Passez rive gauche et changez de rive sans presque vous en apercevoir pour…

0h40 Rejoindre une **cabane** au fond d'un vallon. 10 min après la cabane, trouvez un croisement près du ruisseau et prenez en face à un croisement à trois branches.

Sortez des bois quand vous passez sous une ligne HT ; à un croisement de piste et un captage (balise dessus) prenez tout droit dans un vallon ouvert qui longe l'est de la crête d'Harrichuri, bornée par une clôture.

1h20 Trouvez un croisement au sommet d'un **col** ouvert avant de descendre vers le quartier de Capousoloa. Prenez à gauche (est), traversez un bosquet de châtaigniers et juste quand vous retrouvez le goudron, 50 m avant deux bergeries blanches (attention !), plongez vers une piste en terre à droite.

Traversez un bois de châtaigniers et parcourez 100 m à découvert jusqu'à un gros bloc isolé au milieu des fougères. Prenez à gauche (nord) à l'angle aigu d'un virage ❷ en laissant la piste principale continuer au sud. Grimpez 100 m et à un autre angle aigu, prenez à droite (est) en montant vers une grange qu'on aperçoit sous un petit col (437 m), au nord de la croix de Moccoreta (enceinte protohistorique).

1h50 Rejoignez une **piste blanche** qui descend, puis devient goudronnée.

LE PIMENT

Quand Gonzalo de Percateguy revient du Mexique et introduit la culture du piment, il ne sait pas que ce légume deviendra l'ingrédient majeur de la cuisine basque. Depuis, le piment est devenu son emblème. On le fête chaque année, le dernier dimanche d'octobre, et une confrérie le défend. Des personnalités du sport, des arts, des *people* sont intronisés chaque année dans la secte des adorateurs de la poudre rouge.
Planté le jour de la saint Joseph, la récolte s'échelonne d'août à novembre. D'abord vert et doux, il se pare d'un rouge profond au soleil de l'été. Mis en tresses et attaché à des cordes, il sèche sur les façades blanches des maisons. Réduit en poudre, il saupoudre le chocolat, enrobe le jambon, repeint les cochonnailles. Protégé par une AOC, il ne peut être cultivé que dans un triangle délimité par Saint-Pée-sur-Nivelle, Cambo et Itxassou.

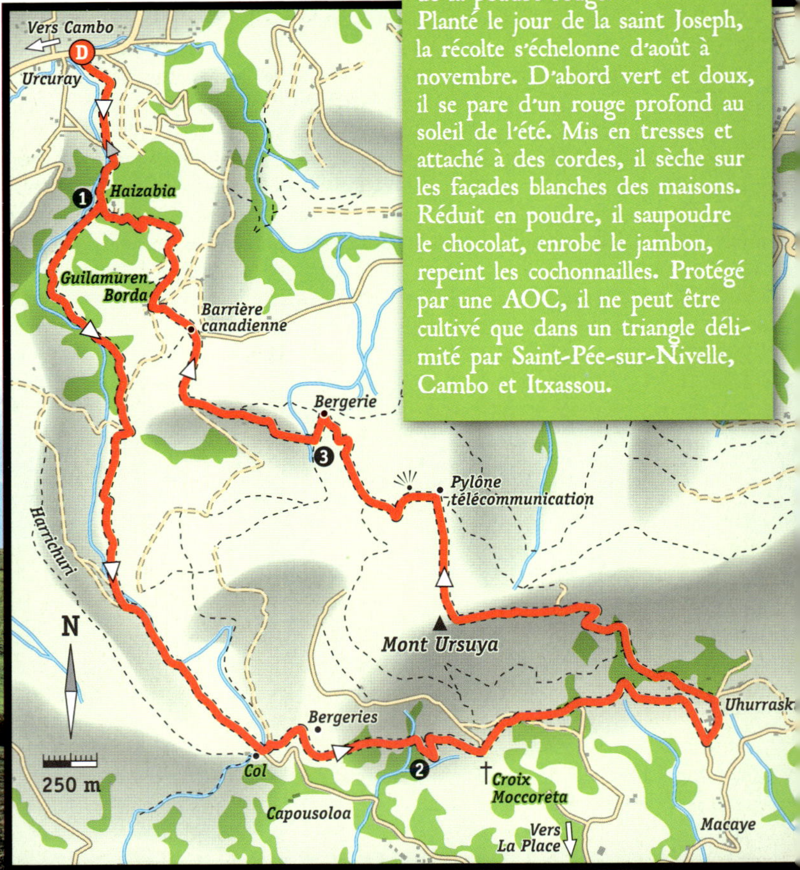

Laissez à une fourche à droite un chemin descendre vers la Place. Parcourez 1 km et rejoignez un groupe de maisons au niveau d'Uhurraskia que vous contournez en laissant la route principale descendre vers Macaye.
Faites 150 m et prenez un chemin de terre à gauche (malgré le panneau « Prop. privée » qui barre une autre parcelle). Gravissez ce chemin de terre encombré de grosses pierres. Franchissez un portail rustique près d'une grange et prenez à droite en passant au-dessus d'une autre grange. À mi-pente (500 m), prenez à droite avant une plantation récente de pins. Montez par un chemin raide qui gagne l'arête est de l'Ursuya que vous suivez jusqu'au…

2h45 Sommet de l'**Ursuya** (678 m), marqué par un grand cairn. Vue excellente.
Suivez au nord de grands piquets de bois jusqu'à un pylône de télécommunication. 50 m au-dessous, prenez la piste à gauche, au raz d'une clôture. Laissez au bord du chemin une table d'orientation et gagnez un carrefour de quatre chemins sur un petit col (bergerie 436 m) : prenez au sud la direction du chemin n° 33 (panneau) pendant 100 m, dépassez une clôture et prenez à droite ❸ en descendant droit à travers champ sur une centaine de mètres.
Franchissez une clôture par une échelle et piquez au nord, toujours à travers champ, pour commencer à trouver une piste horizontale. Abandonnez-la rapidement pour descendre encore de 100 m jusqu'à une clôture que vous franchissez (échelle) pour rejoindre une piste qui file vers le nord-ouest, puis le nord.

3h45 Atteignez une **barrière canadienne** près d'un groupe de maisons (298 m). Prenez à gauche et rejoignez la Guilamuren borda. À l'angle du séchoir à maïs, trouvez un chemin herbeux qui descend franchement et rejoint Haïzabia. Retrouvez le chemin goudronné emprunté à l'aller qui ramène à…

4h30 **Urcuray.**

Le vallon d'Harrichuri

L'Artzamendi e

Depuis le Pas de Roland

Au souvenir de l'ours

7

Cette superbe randonnée s'adresse à des marcheurs confirmés. Une longue journée sera nécessaire pour découvrir l'incroyable diversité des paysages qui composent le ravin de Laxia. L'itinéraire parcourt deux grandes crêtes distinctes qui se nouent à l'infléchissement du col des Veaux. La première partie s'élève au-dessus de la Nive qui accélère son cours au pas de Roland en formant un petit rapide écumant. Elle passe graduellement des prés de fauche jouxtant les bordes, où s'accrochent les derniers châtaigniers, à l'immensité des pâturages d'altitude qui tapissent les flancs de l'Artzamendi.
Artza, **c'est l'ours, en basque. Le pauvre animal a disparu depuis longtemps de ce paysage de bocage où les fermes isolées éclaboussent de taches blanches et rouges le vert des prairies. À mi-chemin, la randonnée vient longer la frontière de Navarre pour s'infléchir au nord et gravir les pentes du Mondarrain. Le panorama tout le long de cette échine arrondie est remarquable. Il permet d'embrasser d'un même coup d'œil l'Océan et la Rhune qui se découpe sur le bassin agricole de la Nivelle. Puis la descente survient. En quelques dizaines de mètres, le paysage montagnard devient un paysage de campagne colorié, organisé, où l'on sent que le beau n'est jamais éloigné du fonctionnel, pour s'achever aux abords du village lumineux d'Itxassou. Ce mélange abrupt, sensuel et puissant, ne serait-ce pas cela l'âme basque ?**

Le Pas de Roland

Accès Depuis Itxassou (à 3,5 km au sud de Cambo), prenez la route étroite et sinueuse du Pas de Roland qui longe la rive gauche de la Nive. Passez au-dessus du Pas de Roland, célèbre trou percé dans la roche, et parvenez au hameau de Laxia où vous pouvez vous garer le long de la route.

Période Du printemps à l'automne, mais en évitant les périodes de chasse (octobre à décembre)

Difficulté Facile mais long, balisé

Dénivelé 1000 m

Horaire 6h30

Carte 1345 OT Cambo-les-Bains

0h00 **Quartier Laxia,** près du Pas de Roland (40 m). Traversez le pont à gauche et continuez sur la petite route sur 750 m environ, en laissant plusieurs embranchements à droite. Parvenez à un embranchement qui mène à une route privée interdite à la circulation. Suivez ce chemin goudronné en montant jusqu'à ce qu'il rejoigne la maison Etchéberriaranéa (192 m, fronton). Contournez l'ensemble des bâtiments par la droite et suivez le chemin vers l'amont jusqu'à une deuxième ferme, Betiridartéa, en franchissant une barrière en bois. Parcourez quelques mètres et franchissez une nouvelle barrière (à refermer) qui commande l'accès à un chemin de terre.

0h25 Le chemin décrit **deux grands lacets** au milieu des fougères et contourne un éperon rocheux derrière lequel vous trouverez une grange au toit de tôles, Laxiaberriko borda, blottie sous de grands chênes. Poursuivez la montée en direction du sud par un admirable chemin dallé qui conduit à...

1h00 Un **replat** à l'est du pic Malda (550 m), au milieu des pelouses dominant la vallée de la Nive à l'est. Traversez des bandes de blocs de grès affleurants et parvenez à une grange détruite, Kambochokoko, surveillée par un grand chêne isolé (cabane au coin).
Des flèches vertes peu esthétiques vous indiquent un vague chemin qui divague au milieu des pelouses. Continuez votre progression directement jusqu'à un dernier raidillon conduisant au...

2h45 Sommet de l'**Artzamendi** (926 m), battu par les vents du golfe de Gascogne (antenne visible de loin, boule sphérique d'un relais).
La descente s'effectue au début par la route versant sud, puis par la crête qui la longe à droite et qui domine le col de Méhatché et le pic Iguzki. Un parcours sans difficulté conduit au col de Méhatché (716 m) où vous rejoignez le GR 10 ❶ ; borne frontière 80 (menhir et cromlechs).
Poursuivez par la route en descendant vers le sud-ouest jusqu'à un virage prononcé (604 m). Abandonnez l'asphalte pour un sentier qui rejoint à peu près directement le col d'Iguzkiégui (567 m ; panneau gîtes). Une légère remontée vers l'ouest conduit au col des Veaux (574 m).

3h40 Contournez la **ferme Esteben** par le sud (borne frontière 77) et prenez à son angle ouest un chemin balisé (GR 10) qui longe vers le nord la crête du Gorospil et des monts Bizkayluze pendant environ 2,5 km.
Traversez deux lignes de postes de chasse et longez un bois de hêtres juste avant d'atteindre le col de Zuharreteaco (566 m) ❷, où vous abandonnez le GR 10 qui poursuit son cheminement vers le nord-ouest.

4h15 Choisissez un **large chemin**

Depuis le pic Malda

LES PIERRES À MEULE D'ARTZAMENDI

L'ancienneté de la présence humaine sur l'Artzamendi est attestée par la l'existence de nombreuses constructions en grès que l'on peut voir aisément : menhirs, dolmens et cercles de pierre. Mais l'exploitation des roches s'est poursuivie jusqu'au XVIIIe siècle.
D'après une étude de la Faculté des Sciences de Pau, dès 1741 existaient sur les flancs de la montagne des carrières d'extraction de meules de moulins, de lauzes, de dalles, de linteaux, de pierres à aiguiser, de pierre à pressoir, de bornes frontalières. Les conditions d'exploitation étaient périodiquement mises aux enchères. Ces produits étaient évacués par des attelages de bœufs tirant des traîneaux sur des chemins dallés, dont certaines parties sont encore bien visibles. Cent cinquante meules de moulins sont actuellement répertoriées essentiellement sur l'Artzamendi et la commune d'Itxassou.
(D'après C. Dendaletche et N. Saint-Lèbe, C.B.E.A)

qui contourne les bandes rocheuses du pic d'Ourrezti par l'ouest jusqu'à un large col (652 m) au pied du pic du Mondarrain ❸.

(L'ascension du sommet s'effectue par là en 30 min, directement en évitant par l'est les blocs rocheux qui barrent l'accès au sommet. Sommet du Mondarrain, 749 m ; croix gravée au sommet, vestiges de fortifications.)

Sinon, pour continuer la descente, il faut éviter un énorme bloc isolé et poursuivre toujours vers le nord en longeant une forêt de hêtres qui ceinture le sommet du Mondarrain.
Une descente dans des pelouses vous conduit au col d'Amezketa (476 m) : contournez une plantation récente de mélèzes par la droite (versant est) et rejoignez un large chemin au milieu des fougères.

5h30 Il vous dépose sur une **petite route** en amont d'un groupe de maison baptisé Bordagaïnéa. Descendez

quelques mètres et prenez à droite une piste en terre qui remonte pendant une centaine de mètres. Prenez à droite à l'embranchement suivant.

Une longue descente sur sentier vous ramène à…

6h30 **Laxia** (40 m).

L'Haltzam depuis Ossès

Entre fougères et châtaigniers

8

« *Je racontais des histoires sur les étoiles, sur les grandes légendes, sur le mélange de l'homme et du monde.* » J. Giono

La masse imposante de l'Haltzamendi domine de plus de 700 m l'horizon de Bidarray. De son sommet sud jusqu'à l'antenne du Baïgurra, au nord, s'étire sur presque 3 km une crête puissante hérissée de rocaille. Les villages de Louhossoa, d'Hélette et d'Ossès constituent les pointes d'un triangle qui enclave ce beau massif. Vers le nord, quasiment plus rien : la montagne s'achève et on ne perçoit plus que le rebond vert de collines piquées de maisons blanches. Au sud, au contraire, la crête tourmentée d'Iparla s'élève directement depuis la place de l'église de Bidarray comme les piliers d'un temple païen.

Terre de lande tapissée de fougères et forêts de châtaigniers, le pays d'Ossès s'ouvre à la confluence de la grande Nive et de la Nive des Aldudes, au cœur de la Basse Navarre. Cette grande région d'élevage fut intégrée au royaume de Navarre jusqu'en 1512, puis disputée entre la France et l'Angleterre.

Cette histoire agitée marqua durablement le patrimoine de ce pays et on retrouve ces influences dans l'architecture des belles maisons traditionnelles des XVIIe et XVIIIe siècles. Ossès, le village aux sept quartiers, témoigne merveilleusement de ce mélange. Une simple balade permettra de découvrir ces maisons à parements de pierre surmontés d'auvents profonds et soulignés de linteaux gravés de type navarrais. Les façades embrassées de pans de bois rouge sang dénotent l'inspiration labourdine. Au croisement de Gahardu, il ne faut pas manquer la maison Apalatzia, datée de 1635.

Accès À la sortie de Saint-Jean-Pied-de-Port, prenez la direction de Cambo et suivez la D 918 pendant une douzaine de kilomètres jusqu'au lieudit Gahardou. Au croisement prenez à droite la D 8 vers Irrissarry ; vous trouvez à l'entrée du village d'Ossès une petite route à gauche (panneau « Haltzamendi »), entre le parking de l'hôtel Mendi Alde et l'école. Prenez vers le nord, dépassez le terrain de foot, faites 400 m et, au croisement, prenez à gauche (panneau « Haltzamendi ») pendant 600 m jusqu'à la ferme Andressenea où le goudron se termine. Deux places dans l'herbe à gauche peuvent accueillir votre voiture.

Période Du printemps à l'automne

Difficulté Les marcheurs débutants choisiront de redescendre par le chemin de montée, en effet la descente par Elichatéko demande un peu d'expérience dans l'orientation (itinéraire balisé au départ, puis hors sentier)

Dénivelé 870 m

Horaire 5h45

Carte 1345 OT Cambo-les-Bains

La crête de l'Haltzamendi

0h00 Face à la ferme **Andressenea** (balisage jaune), prenez le chemin de terre qui grimpe jusqu'à une bergerie que vous contournez par la droite, puis franchissez une clôture en limite d'un champ. Dépassez un essieu de charrette et prenez un chemin herbeux qui monte (grange à droite).

Par un chemin qui s'élève dans des fougères, continuez votre progression et bientôt, entre les branches des arbres, vous apercevrez le village de Saint-Martin-d'Arrossa.

0h15 Franchissez une **brèche** au pied d'une falaise, puis longez une clôture jusqu'à un panneau (« Haltzamendi ») en passant à l'aplomb de la crête qui descend de l'Haltzamendi vers Ossès.

Prenez à gauche en montant et passez à nouveau sous les arbres jusqu'à longer une bergerie ruinée protégée par une clôture (450 m). Parvenez à un nouveau croisement (panneau) où vous laissez une sente partir tout droit. Prenez à droite en montant à travers les bruyères.

Montez directement vers le nord en contournant un affleurement rocheux et tournez à gauche (panneau) pour tirer à flanc sous un petit sommet côté 606 m. Revenez au sud-ouest en descendant légèrement au début ; parvenez à un…

1h15 Petit **épaulement** dégagé qui donne sur Bidarray (panneau). Continuez maintenant au nord pour contourner une crête sous un premier sommet côté 701 m, en franchissant des affleurements rocheux, et poursuivez à flanc jusqu'à un croisement de chemins qui propose deux directions : Bidarray à gauche et Haltzamendi à droite.

Poursuivez jusqu'à un large col (664 m) au sud de la crête de l'Haltzamendi (nouveau panneau « Ortzaize, barré »). Continuez encore au nord jusqu'à un nouveau croisement (panneau « Haltzamendi ») et montez directement jusqu'au...

2h30 Sommet de l'**Haltzamendi** (818 m), parsemé de gros blocs.
Du sommet, prenez au nord en direction du Laina, à travers les pelouses, et rejoignez une crête rocheuse facile. Tirez à droite en commençant à descendre pour passer 80 m sous le col du Laina (coté 781 m) et rejoignez un sentier en contrebas de la crête qui s'incline peu à peu vers l'est (650 m). En suivant les cairns, coupez à travers les pentes faciles d'Ibidia, couvertes de fougères, et par un sentier masqué par endroits...

3h30 Rejoignez une **crête rocheuse** (520 m) d'où émerge un châtaignier isolé. Suivez un sentier marqué qui descend au début, puis remonte jusqu'à un mamelon coté 511 m.
Descendez vers le sud au milieu d'une zone de chênes rabougris et rejoignez les...

4h15 Deux granges d'**Elichatéko,** aux tuiles romanes, sous le couvert d'énormes châtaigniers (338 m). Un peu en dessous commence une large piste qui descend en direction des premières maisons d'Ossès en longeant une clôture par la gauche.
Poursuivez sur le chemin principal jusqu'à environ 210 m où vous l'abandonnez ❶ pour prendre à droite, vers le sud-ouest, un sentier herbeux qui s'avance à l'horizontale (borde en ruine) jusqu'à un petit col herbeux (cairn). Descendez directement par un sentier, à droite d'un éperon rocheux caractéristique, qui rejoint la piste carrossable du vallon d'Eluet au niveau d'une...

5h00 **Passerelle** (160 m). Prenez vers le sud sur 50 m, puis à droite une piste qui monte sur 100 m et parvenez à un croisement (deux granges). Tirez à droite en suivant un chemin goudronné vers Mulchikoko et franchissez une barrière canadienne. Peu après, prenez à gauche une piste en lisière de bois pour rejoindre un plateau herbeux (panneau « Ortzaitze »).
Plongez à gauche et rejoignez le quartier de Chopirenia. En suivant le goudron à droite vous rejoindrez votre point de départ.

5h45 La ferme **Andressenea.**

LE PATXARAN

Pas un repas au Pays basque ne se termine sans cette liqueur traditionnelle. Chaque famille possède sa propre recette du *Patxaran.* La légende veut que les moines de l'abbaye de Leyre, en Navarre aient répandu l'usage de cet apéritif capable d'apaiser les maux d'estomac. Le nom vient de *basarana,* petites prunes sauvages dont les baies violettes se récoltent après la première gelée. On les plonge dans un mélange d'anis et d'alcool pur, additionnés d'épices, de grains de café, d'un zeste de citron et de cannelle. Il faut oublier la préparation dans le noir la durée d'un hiver, et le breuvage de couleur rouge sombre est prêt. Comme tous les *médicaments,* il est prudent de ne pas en abuser.

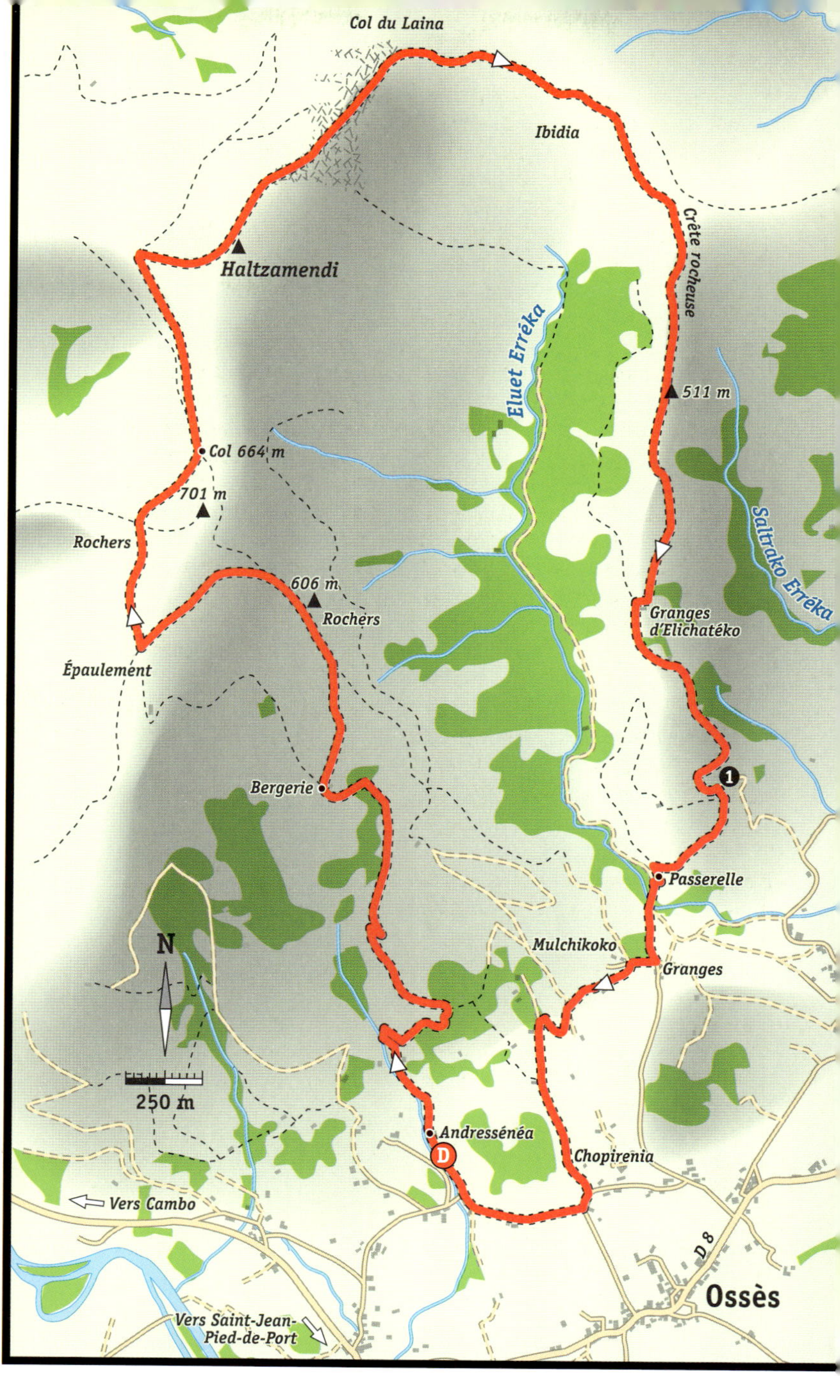
Col du Laina
Ibidia
Haltzamendi
Crête rocheuse
Eluet Erréka
511 m
Col 664 m
701 m
Saltrako Erréka
Rochers
606 m
Rochers
Granges d'Elichatéko
Épaulement
Bergerie
1
Passerelle
N
Mulchikoko
Granges
250 m
Andressénéa
D
Chopirenia
Vers Cambo
D 8
Ossès
Vers Saint-Jean-Pied-de-Port

L'Hautza o

depuis le col d'Ispéguy

Les vents, les pierres et les naïfs

9

« Peu à peu, il avait discerné la splendeur des horizons de feu, les caprices sans cesse changeants de la lumière sur le sol pierreux et rougeâtre, sur les montagnes arides. » I. Eberhardt

L'Hautza est un sommet isolé et superbe. Il émerge d'une longue crête herbeuse dont les puissantes arêtes prennent naissance dans les vallées du Baztan et des Aldudes. La forme symétrique de sa pyramide trapue est reconnaissable de loin. D'une altitude modeste, c'est une véritable proue qui émerge de plus de 1000 m au-dessus d'un labyrinthe de vallées. Sur son sommet, vous rencontrerez tous les vents qui secouent les Pyrénées : vent chaud du sud qui apporte l'orage et le foehn d'automne, vent glacé de novembre dans le désordre qui précède l'hiver, crachin d'ouest et bourrasque océanique le reste de l'année.

L'âpreté et la rudesse du versant sud annoncent déjà un paysage aux colorations castillanes. À son opposé, le versant nord où les pluies tombent en abondance est recouvert d'une forêt dense de hêtres. Mais c'est le sommet de l'Hautza qui mérite le déplacement car il est couronné d'un fascinant gisement de pierres élevées. L'homme vient de la nature, il y renonce peu à peu en élaborant une civilisation de plus en plus matérialiste et d'un cynisme écologique aigu. Ici, sur le rebord d'un sommet de Navarre, loin des hommes et pourtant jamais aussi près, on touche à la conscience naïve. Si les symboles des pauvres bergers ont une signification quelconque, cosmique ou religieuse, ils racontent toujours les premiers âges et évoquent le lien qui nous rattache à eux. Ils posent la question de l'avenir de l'humanité et c'est en cela qu'ils nous touchent.

Accès Depuis Saint-Jean-Pied-de-Port (D 18) ou Cambo-les-Bains (D 918), rejoignez Saint-Étienne-de-Baïgorry et suivez la D 949 qui monte au col d'Ispéguy.

Période Du printemps à l'automne, sauf périodes de chasse (octobre à décembre)

Difficulté Sentier balisé jusqu au col d'Elhorrieta, après il ne faut pas s'engager si la visibilité est mauvaise (hors sentier)

Dénivelé 350 m ou 650 m

Horaires 3h30 ou 4h30

Carte 1346 OT Saint-Jean-Pied-de-Port

u l'Elhorri

Les pierres dressées au sommet de l'Hautza

0h00 Du **col d'Ispéguy** (672 m), prenez le sentier qui démarre au sud du parking en suivant la direction de Banca (panneau et balisage vert et jaune). Au début en descente, le chemin s'enfonce dans la forêt de Nékaitz qui domine l'ouest du ravin de Nékaitz. Dépassez une croix en bois au bord du chemin. Dans un virage prononcé du sentier, franchissez une volée de marches en bois aménagées et…

0h25 Parvenez à un **collet** sur une épine de blocs de quartzite. Remontez à travers des pâturages jusqu'au…

1h00 **Col de Nékaitz** (814 m) à gauche d'un poste de chasse. Contournez un enclos de pierres sèches par l'ouest et suivez vers le sud un sentier en territoire navarrais qui conduit en 15 min au col d'Elhorrieta (831 m) où vous rejoignez une piste goudronnée venant de Banca.

Là, deux possibilités s'offrent à vous

1 Ascension de l'Elhorri

Le sommet de l'Elhorri s'atteint facilement par son flanc ouest couvert de pelouses débonnaires. Pour cela il faut remonter jusqu'à la borne frontière 102, puis contourner un site de

LES CAGOTS

Refoulés et opprimés, les cagots (*agotaks* en basque) vivaient en marge de la population. Sans doute descendants de Wisigoths convertis au catholicisme, leur sort peut être comparé à celui des intouchables de l'Inde. Le terme cagot semble signifier : chien de Goth. Appelés ironiquement *chrestiaas*, crétins, ces individus misérables montraient des caractères héréditaires très nets et ne se mêlaient pas au reste de la population. Peut-être présentaient-ils des signes de lèpre atténuée ? Victimes d'une sorte de racisme populaire, ils vivaient dans des quartiers réservés, avaient leur porte à l'église, leur bénitier et leur place au cimetière. Exclus de la communauté paysanne, ces proscrits devinrent artisans ou commerçants. Par un curieux renversement de l'histoire, peu à peu, ces intouchables rentrèrent dans le circuit social au cours du Moyen Age, quand l'économie marchande pénétra la société.

cromlechs le long des bornes frontières 101 et 100. Une montée sur des pelouses vers l'ouest, puis au nord, par un chemin bien tracé qui longe la courbe 850 m permet de contourner des affleurements calcaires et de gagner le sommet en surmontant un dernier raidillon en 45 min.

2h00 **Elhorri** (Elhorriko Kaskoa, 983 m).
Retour par le même itinéraire en 1h30.

2 Ascension de l'Hautza

Du col d'Elhorrieta (panneau « Banca et Baïgorry »), abandonnez la piste et prenez en face un sentier raide et fortement raviné qui monte dans une forêt de hêtres.
Franchissez un portail et poursuivez en longeant une clôture, qui semble marquer la frontière, en direction du piton isolé de l'Harrigorri, curieux affleurement de conglomérat rouge dépassant de la crête.

2h15 Parvenez à un **col ouvert** (1105 m) au pied du ressaut final. Traversez vers l'ouest et remontez par des bouts de sente (cairns) le flanc raviné, couvert de pelouses et jonché de

Signal géodésique et vautour solitaire

gros blocs, jusqu'à rejoindre l'arête terminale de l'Hautza. Un dernier ressaut d'herbe mêlée de roche conduit…

2h45 Au signal géodésique couronnant le sommet entièrement herbeux de l'**Hautza** (1306 m). Panorama immense. À l'ouest, au bout d'un éperon, champ de pierres énigmatiques.
Le retour s'effectue par le même itinéraire en 1h45.

Le tour d

À la vôtre et bon appétit !

10

Que vous soyez debout dans une venta, assis sous un chêne ou calé contre le cairn d'un sommet, l'acte de se nourrir en montagne est fondamental. Il ponctue une journée de randonnée ou célèbre un partage avec les copains, les compagnons d'une vieille route. Une tranche de saucisson, *un boccadillo de jamón* appuyé d'un verre de rouge face à la nature tendre, immensément grandiose du Pays basque, permet de se remplir pour longtemps.
Sous un soleil qui effleure, un col, un bloc ou le mur de pierre d'un cayolar peuvent être cet endroit merveilleux. Le temps s'arrête, alors une main sort un pâté exceptionnel d'un sac, un cake aux olives gicle d'un autre et quelques croquants aux amandes finissent leur vie en fondant dans un café caramélisé. Le monde repose à cet instant à vos pieds fatigués.
La cerise, le cidre et l'Irouléguy expriment toutes les saveurs du Pays basque : chaleur, caractère, humanité. La culture de la vigne s'est développée à Irouléguy dès l'Antiquité, grâce à l'action des moines de Roncevaux. À partir du Xe siècle, le pèlerinage vers Compostelle jette sur les routes du port d'Ibañeta des milliers de pèlerins. Ils sont accueillis, hébergés et soignés à l'abbaye, et le vin d'Irouléguy fait partie du repas. Les vignes sont implantées en terrasses, sur des parcelles pentues de faibles dimensions où les vendanges s'effectuent à la main. Classé en AOC depuis 1970, l'Irouléguy accompagne les viandes, le fromage, le pèlerin et les chansons depuis toujours.

Saint-Jean-Pied-de-Port, pont sur la Nive

Accès Depuis Saint-Jean-Pied-de-Port, prenez la route de Bayonne (D 918) sur 800 m, puis tournez à gauche vers Saint-Etienne-de-Baïgorry (D 15). Parcourez 3 km et tournez à droite au hameau de Sohoreta. Au premier croisement, prenez à droite (panneau « Jara ») et gravissez une longue côte pour parvenir à un petit col coté 392 m, près du dolmen d'Artxvita, où vous laissez la voiture sur un terre plein herbeux.

Période Toute l'année

Difficulté Facile et balisé

Dénivelé 750 m

Horaire 4h00

Carte 1346 OT Saint-Jean-Pied-de-Port

u Jara

Le vignoble d'Irouléguy

0h00 Col. Redescendez la route de 50 m vers le sud et, au premier croisement, prenez à droite, vers l'ouest, et suivez une route goudronnée étroite sur 2 km.
Parvenez à un col, à droite d'un croisement commandé par deux maisons blanches. Parcourez 100 m de plus et prenez à droite une piste de terre rouge qui monte (panneau « Jara »). Grimpez 250 m : à un croisement ❶, prenez à droite et montez toujours par cette piste rouge qui zigzague dans le flanc sud du Jara pour rejoindre…

1h00 Le goudron de la **route du Jara** (pylône métallique) que vous suivez sur 650 m. À mi-pente, prenez à droite un sentier dans l'herbe (balisage jaune) qui passe versant nord puis rejoignez le goudron une dernière fois, non loin du pylône sommital (table d'orientation) qui conduit au…

1h30 Sommet du **Jara** (811 m). Continuez par la crête, vers l'ouest, d'abord horizontalement, puis descendez dans de gros blocs jusqu'à un enclos posé sur le fil de la crête.
Gagnez un abreuvoir, puis une bergerie détruite, blottie versant sud de la crête, derrière un petit col (710 m), au croisement de trois chemins dont l'un, à l'ouest, conduit à Arrossa (panneau). Prenez à gauche le sentier en direction d'Irouléguy (panneau), en longeant une clôture de pierre vers le sud.
500 m en dessous, à un croisement, laissez une branche partir à droite et continuez tout droit. Un autre croisement se présente : laissez une piste à droite partir en direction du sud-ouest et poursuivez tout droit.

2h00 À un **virage en épingle,** prenez à gauche (est) en empruntant au début un chemin large qui conduit à une grange (Ithola) ceinturée d'une murette de pierre (600 m). Avant de l'atteindre, trouvez un sentier qui démarre juste à gauche (balisage jaune)

et montez dans une sente qui traverse des genêts. Contournez un enclos de pierre jusqu'à une grange détruite. À son angle sud, empruntez un large chemin qui descend plein sud.
Après un grand virage ❷, 454 m, quittez ce large chemin pour plonger droit dans la pente par un sentier dans les fougères (balisage jaune). Il se prolonge par une sente qui s'enfonce sous les frondaisons des noisetiers.

2h30 Après avoir franchi une **double barrière de bois,** rejoignez un chemin goudronné près d'une vigne et descendez vers Irouléguy. Au croisement suivant, prenez à gauche vers une maison blanche (abandonnez le balisage jaune qui part à droite). Faites 50 m en contournant les vignes et, à un nouveau croisement, prenez à droite vers Irouléguy.
Filez tout droit sur 500 m et trouvez à l'angle d'une ferme (Hiriburu) un chemin de terre qui part à gauche. Franchissez un ruisseau et gravissez un chemin encaissé en sous-bois. Franchissez une clôture par une échelle et grimpez en face un raidillon (panneau « Jara »).
50 m plus haut, à un nouveau croisement, prenez à gauche en montant et rejoignez une piste. Au plus fort de la pente, elle se couvre de ciment. Parcourez-la sur quelques mètres jusqu'à une clôture que vous escaladez. 50 m plus loin, un nouveau croisement se présente.

3h30 **Cabane :** prenez à gauche en montant, puis à droite horizontalement en longeant une vigne sur 300 m jusqu'à un dernier croisement où vous prenez à gauche ❸ en montant rudement sur 250 m jusqu'à un petit col avec deux maisons blanches. Suivez alors à droite le chemin goudronné emprunté à l'aller qui vous reconduit…

4h00 Au **col** du départ.

L'Hautza depuis le sommet du Jara

LE MAKHILA

Le *makhila* est à la fois une canne de marche, un bâton de défense et un objet d'art. Il est fabriqué dans du bois de néflier sauvage, entaillé sur pied et séché pendant dix ans. Dans son pommeau gravé, qui porte le nom et la devise de son propriétaire, se cache une pointe d'acier. Fabriqué à la main par de rares artisans qui travaillent encore selon de vieilles traditions, le *makhila* est une véritable œuvre artistique qui ne s'offre que dans les grandes occasions. Objet honorifique, il est habillé de métal ciselé, qui peut être parfois de l'argent, sur lequel l'artisan grave des symboles dont il a le secret.

Grand et petit c

Les cercles de pierre sous l'œil du gypaète

11

Détail de la chapelle Saint-Sauveur

Gypaète barbu

« Les forêts précèdent les peuples, les déserts les suivent. »
Chateaubriand

De ses yeux cerclés de rouge, le vieux sage me regarde. Il profite du vent qui accélère au contact des crêtes pour rester à mon niveau, comme suspendu par un lien invisible. Les longues rémiges de ses ailes se courbent au passage des courants d'air chaud qui montent au-dessus du Mendibel. Son poitrail rouge, son envergure démesurée, sa silhouette anachronique sortie d'un bestiaire fantastique le désignent sans peine. Le fils du peuple des gypaètes barbus joue avec le peuple du vent. Un imperceptible mouvement d'air propulse le grand vautour comme un projectile et il disparaît dans les ombrées d'Harraska.

Un peu en dessous du sommet d'Occabé se trouve un des sites archéologiques les plus illustres de la montagne basque. Sur un grand plateau dégagé, dominant le ravin d'Archilondo, une courte marche permet d'accéder au site de cromlechs d'Ilarita.

Du nord au sud, on compte dix-sept cercles de pierre répartis sur une plateforme herbeuse face à la forêt d'Iraty. Ces alignements, datant de l'âge du Fer, contenaient des urnes renfermant les cendres des morts d'un peuple nomade. Ces hommes qui avaient domestiqué les animaux et dominé la métallurgie commençaient à se sédentariser. Ils défrichaient des territoires toujours plus grands et s'enfonçaient de plus en plus profondément dans la montagne. Marquaient-ils les territoires ou indiquaient-ils des passages ? Personne ne le sait, mais ces cromlechs détiennent les clefs d'un paysage primitif à la beauté surnaturelle.

Le pic de Mendibel

Accès Depuis Sain-Jean-le-Vieux (proche de Saint-Jean-Pied-de-Port), prenez la D 18 qui conduit à Mendive, puis permet l'accès au plateau d'Irzaty-Cize où confluent la D 301, la D 18 et la D 19. Le chalet Pedro est à 1 km au sud du plan d'Irati-Cize (1005 m).

Période Du printemps à l'automne

Difficulté Petit circuit facile et balisé ; le grand circuit est long et impose beaucoup de dénivelé, même si assez facile et partiellement balisé ; beau temps obligatoire

Dénivelés 575 m ou 1310 m

Horaires 3h30 ou 6h30

Carte 1346 ET Forêt d'Iraty

Un des dix-sept cromlechs d'Occabé

0h00 Du parking du **chalet Pedro,** poursuivez 50 m au sud sur la route (D 18) et empruntez à droite un large chemin en sous-bois (GR 10, panneau « Okabe »). Suivez cette large piste défoncée qui grimpe dans la forêt. Débouchez sur un plateau herbeux à un croisement (1304 m) qui annonce Okabe et une variante retour vers Iraty (balisage jaune et bleu), à droite, et que vous ignorez. Suivez vers l'ouest la large piste qui attaque un dernier mamelon soutenant le sommet herbeux d'Occabé. Grimpez une section plus raide dans une prairie encombrée de gros blocs épars.

1h40 Parvenez à une **fourche ❶** en terrain découvert, à l'ouest d'un promontoire rocheux où un panneau indique un aller-retour vers Occabé. Gagnez facilement hors sentier le...

2h00 Sommet d'Occabé (1456 m). Poursuivez vers le nord en suivant les bornes en ciment du GR 10 dans des prairies (laissez une piste raide à droite plonger vers la D 301) et rejoignez le...

2h20 Site admirable des **cromlechs** (cinq ou six sur le GR 10). Poursuivez jusqu'au nord du dernier cromlech et quittez le GR 10 pour tirer au N.-N.-E. jusqu'à la limite de la forêt. Une sente assez discrète (1371 m) mais abondamment cairnée pénètre dans le bois et descend franchement en direction du col très visible (cabane) de Sourzay et la D 301.

2h30 Parvenez à une clairière sur un épaulement et atteignez la **D 301** un peu en dessous et à l'est du col de Sourzay.

Petit circuit

Parcourez 500 m sur la route pour accéder à une nouvelle clairière à droite (panneau « Larreluxe, retour Iraty »). Suivez le balisage jaune et bleu et remontez de 150 m vers la limite du bois. À une nouvelle fourche (panneau « Retour Iraty »), prenez une large piste parallèle à la D 301 qui ramène au plateau d'Iraty et à la D 18 que vous suivez à droite...

3h30 Jusqu'au **chalet Pedro.**

Grand circuit (délicat par mauvais temps)

Du col de Sourzay (cabane), prenez un chemin à flanc (est) et franchissez un petit col, puis tirez à flanc vers le nord pour contourner le Sarroberry et rejoindre une brèche (captage) qui domine le col de Burdincurutcheta. Descendez au col de Burdincurutcheta (1135 m) et traversez la route de Mendive.

3h15 D 18. Prenez en face dans l'herbe un bon sentier qui longe toute la crête, passe sous le point côté 1295 m et conduit à un petit col (1313 m). Poursuivez à flanc par des sentes faciles jusqu'au...

4h15 Sommet du **Mendibel** (1411 m). Continuez sur la crête vers le nord et parvenez au-dessus d'un mur un peu plus raide. Un sentier se faufile dans les conglomérats et rejoint l'herbe, puis un petit col (1315 m). Rejoignez un autre col où de nombreuses sentes démarrent. Choisissez-en une et montez au plus près de la crête du Chardéca, puis continuez plein sud jusqu'à une longue clôture qui conduit au...

4h45 Col de Burquidoy (1392 m ; panneau HRP). Plongez à ce niveau vers une forêt qui précède un éperon herbeux isolé dominant le ravin profond de Burquidoy. Descendez d'une cinquantaine de mètres sous le col au sud-ouest et entrez dans le bois

VAUTOURS, GYPAÈTES ET PERCNOPTÈRES

Il reste vingt-trois couples de gypaètes barbus dans les Pyrénées françaises, soixante de vautours percnoptères, et six cents de vautours fauves. Ces grands rapaces vivent en marge du monde pastoral et se nourrissent des carcasses d'animaux morts. Ils participent au nettoyage de la montagne et leurs aires se répartissent sur les falaises abruptes des deux côtés des Pyrénées. Victimes de leur mauvaise réputation, d'empoisonnement et d'une chasse excessive, sans des mesures énergiques ils auraient disparu du paysage montagnard. Heureusement, une prise de conscience radicale et des plans de restauration successifs ont permis de sauver le gypaète et le petit percnoptère. Sans leurs silhouettes élégantes, la montagne pyrénéenne perdrait irrémédiablement son attrait.

où vous trouvez une large sente qui plonge régulièrement et contourne l'éperon de Burquidoy (aiguille grise isolée) pour rejoindre…

5h15 La **cabane de Chigolatzé** (cayolar). Suivez une piste qui monte à la deuxième cabane de Zingolatze (1274 m). 15 m avant, plongez à droite (balise jaune) et descendez dans la forêt par un large chemin qui effectue des zigzags (ignorez des chemins de débardage pour choisir toujours le plus important) et rejoignez la D 19.

5h45 Suivez la **D 19** à gauche pendant 750 m et trouvez à droite ❷ un chemin qui grimpe (GR 10) jusqu'à un col (1205 m ; laissez la direction Kaskoa à droite). Descendez jusqu'à une table d'orientation. Tirez à gauche vers le plateau d'Iraty et rejoignez la route qui vous ramène au…

6h30 Chalet Pedro.

Ruches primitives en osier et bouses de vache séchées

La crête de Mill

Les hêtres en leur cathédrale

12

À l'ouest de Larrau, vers 1300 m, commence la forêt d'Iraty dont la plus grande partie, presque 18 000 ha, est située en Espagne. Les essences, composées en grande majorité de hêtres, en font la plus occidentale des forêts de feuillus d'Europe. Immense, elle fut pourtant décimée de ses plus beaux spécimens, comme ses voisines béarnaises, pour fournir des mâts à la marine de Louis XIV.

Iraty est une cathédrale de hautes futaies, de fougères, de lichens et de mousses. Sous l'ombre des feuillages montent les effluves sauvages des moisissures en décomposition. Le loup et l'ours y furent rois, il y a bien longtemps. Aujourd'hui, c'est le domaine du chevreuil, du cerf et du sanglier. La rencontre du renard et de la martre, dont les silhouettes éraflent la solitude et le silence de ce monde oublié, est toujours un émerveillement.

Pendant des siècles, bûcherons, charbonniers et contrebandiers ont partagé ces lieux perdus dans une solitude presque totale. Il fut un temps où le col d'Orgambidesca était un des coins les moins connus de la montagne souletine. La construction de la route Larrau – Mendive mit fin à cet isolement et le tourisme grignota ce recoin perdu parcouru seulement par le berger et les chasseurs.

Escalader la crête de Millagate, c'est gravir une croupe en plein milieu du ciel. Si le soleil donne, les nuées montant du ravin d'Alupigna s'évaporent sur les flancs de l'Orhy et, du fond de la forêt, seul nous parvient le chant du pic épeiche.

Martre

Silhouette de l'Orhy

Accès À la sortie du village de Larrau, laissez la route d'Espagne à gauche et prenez à droite la D 19 vers le col d'Orgambidesca. Parvenez au col Bagargiak et au village des Chalets d'Iraty (accueil, toilettes, bars).

Période Du printemps à l'automne, sauf périodes de chasse (octobre à décembre)

Difficulté Plutôt facile, balisé en grande partie

Dénivelé 820 m

Horaire 5h00

Carte 1346 ET Forêt d'Iraty

agaté - Bizkarzé

Crête sommitale du Bizkarzé

0h00 Col Bagargiak. Traversez la D 19 et prenez en face un chemin goudronné étroit qui monte entre les chalets (panneau « Crêtes de Millagaté, Bizgarzé itinéraire VTT ») jusqu'à la fin du goudron et à une fourche à droite donnant accès à deux pistes. Suivez une sente directe (indiqué) qui gravit un bois jusqu'à…

0h30 La **crête d'Orgambidesca.** Par des pelouses faciles, dirigez-vous vers une antenne (relais météo) en bordure de la forêt. Descendez vers un col au ras de la route (1402 m), en passant sous une ligne électrique (début d'une longue série de postes de chasse.)
Remontez une première bosse et redescendez derrière vers le col de Mehatzé (1383 m ; cabane verte de l'autre côté de la route). La bosse suivante (1427 m) ne se franchit pas directe-

Lacets au col de Mehatzé

ment, mais se contourne par la gauche en suivant une sente de brebis.

1h00 Parvenez dans un **ravin humide** et remontez à droite (ouest) jusqu'à un chemin de terre qui descend vers le cayolar d'Arsatzolate. Prenez en face un chemin carrossable qui conduit au chalet de chasse et abandonnez-le au bout de 150 m ❶ pour gravir les flancs du Pellusegagne.

1h30 Sommet du **Pellusegagne** (1594 m). Descendez vers le sud et atteignez par des pelouses faciles le col Sensibilé (1547 m), très proche de la route (cabanes de chasse). Remontez la crête suivante (Odeyzu Gagna) où l'on jouit d'une grande vue sur le Bizgarzé.
Suivez des pelouses et une longue arête verte jusqu'au point côté 1610 m. Redescendez en tirant à droite, sans atteindre les dernières cabanes qui commandent l'accès à l'arête de Millagaté, encombrée de postes de chasse.

2h15 Parvenez au **col de Leherra Murkhuilla** (1528 m). Traversez la piste et attaquez en face la croupe herbeuse de la crête de Hourharguieta, puis, par une sente de troupeau, gagnez un petit col qui domine au sud le cayolar de Bizgarzé. Contournez la pointe rocheuse du sommet par la droite et rejoignez le...

2h30 **Pic de Bizkarzé** (1656 m). Vaste vue sur : l'Abodi au sud, la forêt d'Iraty, Urculu, le col de Lépoeder, l'Orhy.

Face à l'Orhy (est), trouvez un ravin herbeux parcouru par le début d'un maigre ruisseau. Descendez jusqu'à la cote 1520 m (parfois raide, mais facile et sans danger) marquée par un collet herbeux (Belhaoudi) dominant le ravin d'Ibarron, et tirez à gauche (nord).
Une sente commode vous permet de contourner l'arête de Belhaoudi, puis en tirant peu à peu vers l'ouest de rejoindre le cayolar de Bizkarzé.
De là, une piste (cabine téléphonique au coin !) vous remonte au col de Leherra Murkhuilla. Suivez le chemin goudronné vers le nord qui vous ramène facilement au...

4h00 **Col Sensibilé** (1547 m). Reprenez pied sur les pelouses et remontez au Pellusegagne. Gagnez le sommet, puis contournez à mi-pente le point côté 1427 m et rejoignez le col Mehatzé.
Remontez vers les pylônes de la station d'Iraty et longez la crête d'Orgambidesca vers l'est. De là, gagnez une trouée dans la hêtraie qui plonge jusqu'au premier chalet en bois. Le chemin goudronné que vous avez emprunté à l'aller vous conduit...

5h00 Au **col Bagargiak.**

No comment !

L'ASSOCIATION ORGANBIDEXHA COL LIBRE (OCL)

Sur la crête de Millagaté, on a compté trente-trois postes de chasse sur une distance de 1 km ! Quand l'automne s'affirme, Organbidesca réalise la prouesse d'être l'unique brèche des Pyrénées-Atlantiques où le feu des armes se tait pour laisser la place aux jumelles et aux longues-vues.
Ailleurs, de l'Océan à la Pierre-Saint-Martin, c'est un rideau de plomb qui s'abat sur les palombes qui auraient visé l'échancrure d'un col si par malheur le vent du sud ne les obligeait à descendre (cent mille palombes sont tuées chaque année).
L'association Organbidexha Col Libre a signé un traité de paix avec la nature. Depuis les années 1980, quatre cents bénévoles, ornithologues, amoureux des oiseaux se relaient pour observer et effectuer le comptage des espèces qui profitent de cet exceptionnel couloir de migration. Milans noirs, cigognes, bondrées, balbuzards, palombes et passereaux sont les hôtes de ces lieux uniques... Jusqu'à quand ?
OCL : 05 59 31 85 40
LPO des Pyrénées-Atlantiques : 05 59 40 28 39

Musculdy

Une chapelle lovée dans le silence

13

Brebis manech à tête noire

Au retour d'une balade, il n'est pas rare de trouver dans la campagne une de ces églises rurales toutes simples, parfaitement immergée dans le paysage. En Soule, elles possèdent souvent, dissimulées dans les chapiteaux, des décorations délicates taillées dans un grès rongé par le temps. Entourées d'un petit cimetière ponctué de stèles discoïdales, la vision de ces églises dégage toujours une émotion particulière. Proches de la nature, les bâtisseurs romans avaient acquis une technique instinctive. Avec de maigres moyens, ils construisaient des édifices fonctionnels en utilisant les pierres locales. Ils laissèrent des œuvres simples à l'architecture tournée vers l'essentiel. Un clocher-pignon encadre la plupart du temps une nef unique sans fioriture.

Les deux grands chefs d'œuvre de la Soule romane sont l'Hôpital-Saint-Blaise et l'église de Saint-Engrâce. Tous deux perdus dans un écrin de verdure semblent attendre un pèlerin venu du fond de la nuit. Si Saint-Engrâce paraît voué à l'isolement et à l'épure, Saint-Blaise irradie une force unique. Inscrit au Patrimoine de l'Humanité, il s'inspire de l'art arabe par ses arcs entrecroisés formant une étoile à huit branches.

Ailleurs, dispersés dans la montagne, le Pays basque est parsemé de petits sanctuaires qui sont autant de lieux de pèlerinage. La chapelle Saint-Antoine, avec son clocher trinitaire dressé dans le silence de la montagne, offre un extraordinaire panorama sur la Soule et les Pyrénées.

La campagne de Musculdy

Accès Depuis Mauléon, prenez la D 918 en direction du col d'Osquich jusqu'à Musculdy. Garez-vous place du fronton, derrière l'église.

Période Du printemps à l'automne, sauf périodes de chasse (octobre à décembre)

Difficulté Facile et balisé

Dénivelé 750 m

Horaire 4h45

Carte 1346 ET Forêt d'Iraty

et la boucle de Saint-Antoine

Le clocher trinitaire de la chapelle Saint-Antoine

0h00 **Musculdy.** Traversez la D 918 et prenez en face un chemin goudronné en direction du quartier Barrexia. Parcourez 50 m et atteignez une première fourche : prenez à gauche (balisage jaune) devant une ferme (silo à maïs). Traversez la campagne et rejoignez un nouveau croisement. Ignorez à gauche un chemin qui retourne à Musculdy et poursuivez en face.
50 m plus loin, franchissez un ruisseau et atteignez un quartier de maisons. Ignorez un gîte en face (Olhasso), prenez à gauche en montant, puis laissez à droite la direction « Polyglobe » et poursuivez en face.
Franchissez un nouveau pont et à une nouvelle fourche prenez à gauche. Atteignez le quartier d'Erbiziart et à l'angle de la ferme Inchauspe prenez en face en longeant une haie de pommiers.

0h20 À l'angle d'une **grange ruinée** (Gaillaran), prenez à gauche et par une piste carrossable (ignorez un chemin de terre peu après à droite) atteignez un nouveau croisement ❶ au quartier Bordachar (à gauche une route redescend vers Musculdy ; panneau « Bordexar »). Face à une maison moderne recouverte de bardages métalliques, prenez à droite un chemin de terre qui monte au sud à l'assaut du pic d'Elaudy. Tout en vous élevant, continuez à ignorer des chemins secondaires qui se perdent dans les champs, persistez à suivre le balisage diffus de traits jaunes.

1h00 Gagnez un **croisement** à trois branches à l'amorce d'un col ouvert sur le vallon du col de Napale. Prenez à droite (en face et 50 m plus loin un portail métallique ferme l'entrée d'un champ). Continuez par la piste en longeant un champ occupé par une grange (Bordachar) au toit rapiécé de tôle et venez buter sur un portail métallique qui ferme le chemin. Franchissez-le (à refermer) et poursuivez en montant. Deux virages au-dessus, abandonnez la piste pour un sentier pédestre qui longe une clôture à travers la pente d'herbe (fougères). Puis le sentier s'enfonce au milieu des genêts agressifs et des ronces. Il faut bientôt l'abandonner quand vous débouchez sur un épaulement surplombant la vallée de Napale. Gravissez au mieux des pentes d'herbe (quelques piquets balisés), longez un vieil abreuvoir par la droite et gagnez le dôme du...

2h00 **Pic d'Elaudy** (700 m). Poursuivez plein ouest en visant le col d'Ehutza que l'on domine. Descendez par une sente facile. Ignorez un abreuvoir à gauche et atteignez le col d'Ehutza (549 m) ; croisement de plusieurs pistes. Poursuivez vers l'ouest par une piste carrossable qui conduit facilement à...

3h00 La **chapelle Saint-Antoine** (705 m). Poursuivez par la crête vers le nord en laissant la piste carrossable en contrebas. Une descente dans un vaste paysage conduit à un col large et ouvert coté 583 m, à l'angle d'une clôture à bétail. Une piste herbeuse y démarre (poteau et balise) qu'il faut suivre vers le nord. Elle conduit vers les granges Zatchaga, cachées à gauche au milieu d'un bois de hêtres.

Crips de maïs

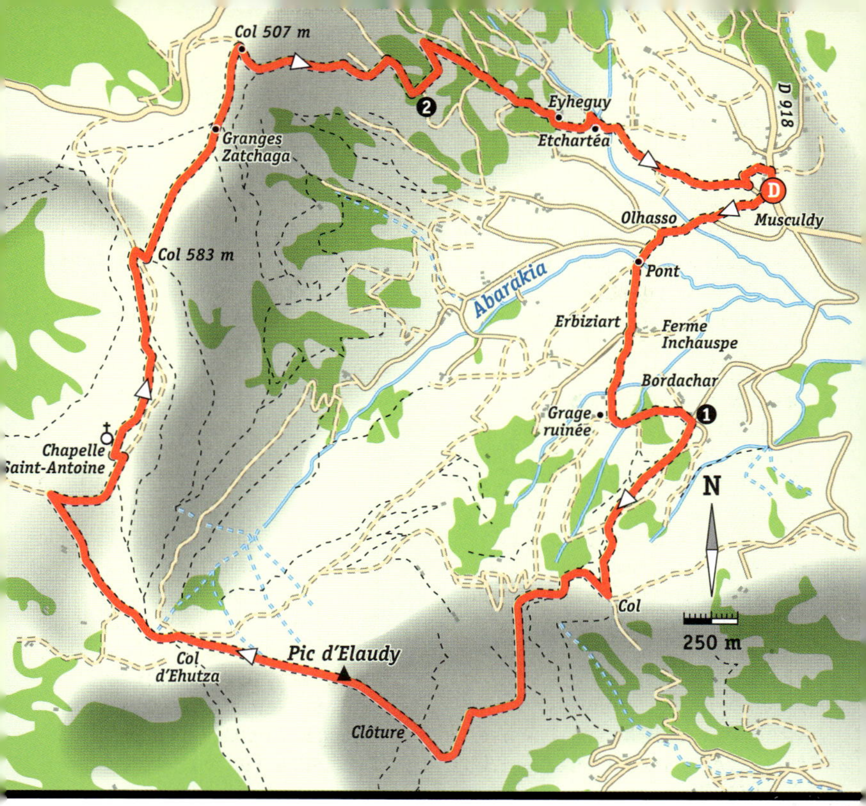

4h00 Gagnez un nouveau croisement sur un **col anonyme** (507 m). Descendez à droite (est) en direction de Musculdy. Parvenez à une barrière métallique que vous franchissez (carré jaune sur un chêne). Rejoignez un croisement ❷ dans les bois où vous prenez à gauche (panneau) et gagnez un croisement à trois branches. Prenez à droite (balise) pour rejoindre par un chemin boueux l'entrée de la ferme Eyheguy (barrière métallique).
Prenez à droite, puis immédiatement à gauche à une fourche pour descendre jusqu'à la ferme Etchartéa où vous rejoignez le goudron (barrière canadienne).

4h30 Franchissez un **ruisseau** et 30 m plus loin, à un croisement, prenez à droite en direction de Musculdy. Une ligne droite vous amène à l'angle d'un calvaire sculpté d'un christ naïf sur une croix dissymétrique. Prenez à gauche un chemin garni d'herbe ; il dessine un angle et remonte jusqu'à la D 918 où, à droite, il vous conduira jusqu'à…

4h45 La vieille église de **Musculdy.**

Aubépine en boule

Les sources d
depuis la fontaine d'Ah

Quand le calcaire convie la brume

14

« *C'est, dit-on, en Euskara que le premier homme aurait salué le Soleil.* » É. Reclus
À l'ouest de la vallée d'Aspe, les Pyrénées s'abaissent. L'austérité des paysages s'atténue, et les monts de la Haute-Soule moutonnent en s'arrondissant doucement jusqu'à l'Océan. Le massif des Arbailles, en avant de la chaîne, commence à l'ouest de Mauléon dont il domine le piémont occidental. Ce bastion calcaire, perché à 1280 m, a été sillonné pendant des millénaires par un peuple de bergers accompagnant les troupeaux transhumants. Des mégalithes ont jalonné leur présence et borné les territoires de pâture. Ce massif puissant est percé de nombreuses dolines, tranché de crevasses où les sources sont rares. Une forêt de hêtres tordus en protège les abords. C'est le royaume des brumes qui engloutissent parfois un labyrinthe de calcaire impraticable. À son pied, un porche géant donne naissance aux sources de la Grande Bidouze.
Ici, le paysage pastoral et la curiosité minérale se conjuguent pour une randonnée surprenante dans un mélange curieux de sous-bois crépusculaires et de paysages karstiques. Les mégalithes partout affleurent dans le moutonnement des montagnes basques. Comme l'ethnologue, comment ne pas penser que le berger néolithique était aussi sensible à la beauté des paysages qu'au symbole solaire, témoignant de la vie et de la mort, qu'il érigeait partout ?

Accès Depuis Mauléon-Licharre, suivez la direction d'Ordiarp par la D 918 et le col d'Osquich. Après 4,5 km, bifurquez vers Aussurucq (D 147). Une série de panneaux « Ahusquy » vous indiquent le chemin. Montez dans la forêt des Arbailles et franchissez le col Ibarburia. Peu après, abordez l'auberge d'Ahusquy par un chemin goudronné étroit. Le parking propose quelques places.

Période Du printemps à l'automne

Difficulté Itinéraire balisé, facile par une belle journée sans brouillard. Un itinéraire aménagé de barres de fer permet de franchir une falaise exposée au-dessus des sources de la Bidouze : il est dangereux, glissant et… interdit. La première partie de l'itinéraire est en descente : le retour sera donc plus long que l'aller.

Dénivelé 920 m

Horaire 5h15

Carte 1346 ET Forêt d'Iraty

e la Bidouze
quy

0h00 Démarrez au parking de l'**auberge d'Ahusquy** (1000 m) et prenez la direction de la fontaine en suivant au début la route, puis la piste. Suivez le sentier qui passe sous les bassins de la fontaine d'Ahusquy (*ahusqui* : endroit ensoleillé, en basque). Au départ, il faut chercher un peu son chemin et le balisage dans les estives. Des bandes de peinture jaune sur des piquets en bois ou sur des dalles espacées de 150 m indiquent le meilleur chemin.
Poursuivez à flanc dans les pentes d'herbe faciles, 200 m au-dessus de la route, et continuez jusqu'à une épaule herbeuse où la vue s'élargit vers le nord et le ravin d'Olhatzarré au loin, au pied duquel la Bidouze prend naissance.
Descendez facilement par le versant nord-ouest la crête herbeuse. Contournez un bosquet de hêtres par la droite et parvenez à un…

0h40 **Petit col** peu marqué culminant à 930 m, au début d'une piste. Prenez à droite en suivant cette piste et passez devant le cayolar Lécharéguibela. Continuez dans un vallon ouvert vers le nord et encombré d'arbustes d'aubépines. Laissez une cabane en ruine à gauche pour entrer dans un goulet étroit entre des ressauts calcaires affleurants.
Progressez dans un somptueux laby-

Zébrures calcaires sous le pic Ursula

rinthe aux formes étranges, rempli de lames de calcaire pointées vers le ciel. Au bout, gravissez un ressaut qui s'engage dans la forêt de hêtres. Retrouvez un bon chemin qui descend par des lacets jusqu'à croiser une…

1h15 Piste pastorale sur un plateau dégagé (poljé d'Elsarréko Ordokia ; *ordoki :* aplanir). Prenez à droite et traversez le plateau vers le nord (somptueux et mélancolique). Au bout de 500 m, la piste fait un angle droit sur la gauche et mène au cayolar Pagolen.

Continuez tout droit en pénétrant par un large chemin dans la forêt jusqu'à un baraquement surmontant un captage d'eau (maison forestière sur l'IGN ; panneau d'interprétation). Poursuivez en face jusqu'au bout du plateau et suivez sur la droite un large chemin en sous-bois. (À gauche, une cassure abrupte domine les sources de la Bidouze, une clôture et un panneau en interdisent l'accès.) Effectuez 300 m de marche horizontale

LE CAYOLAR

Autrefois, le *cayolar* était une cabane rustique construite dans un creux, à l'abri des vents dominants. Des murs de pierres sèches soutenaient un toit en bardeaux descendant jusqu'au sol. Sans fenêtres, elle était composée de deux pièces simples. La pièce commune était éclairée par un trou au sommet du mur pignon. On dormait sur un bat-flanc en bois recouvert de fougères ou de paille. L'autre pièce était réservée aux fromages. Un mulet assurait une liaison avec le reste du monde et le petit-lait gavait des cochons abrités sous une tôle posée sur quatre piquets. Les conditions de vie ont depuis été améliorées. Des pistes tracées au bulldozer relient les principaux cayolars, les 4x4 sont arrivés, les subventions de l'État ont aidé aux rénovations. Le radio relie le berger avec l'extérieur et les panneaux solaires ont apporté le confort là où il n'y avait que rudesse et vie rudimentaire.

2h00 Au niveau d'un **cairn,** descendez à gauche par un sentier qui décrit des lacets dans les bois. Traversez une clairière et poursuivez la descente sur la gauche jusqu'à rejoindre le sentier balisé de la Bidouze qui arrive du nord. Parvenez au bord de la Bidouze et suivez sa rive droite en remontant légèrement maintenant vers le sud. Gravissez une pente à gauche en franchissant un premier ruisseau puis…

2h30 Atteignez la **source** principale qui jaillit d'un porche de calcaire cyclopéen. Pour le retour, reprenez le même chemin en sens inverse en regagnant le plateau Elsarréko Ordokia. Traversez-le entièrement vers le sud. (Il existe une variante plus courte par les falaises. Un itinéraire dangereux, glissant est taillé dans le roc.) Remontez la piste sur près de 1200 m jusqu'au…

3h30 Cayolar Erbinia. Laissez une piste partir à gauche. Continuez encore 1200 m, dépassez le cayolar d'Istaurdy, puis poursuivez par la piste qui vient buter au bout du ravin d'Istaurdy.
Dans un virage en épingle, le sentier balisé tire à gauche où un panneau indiquant la fontaine d'Ahusquy permet de se repérer. Progressez dans des pelouses où affleurent des bancs de calcaire polis et parvenez au…

5h00 Col d'Inharpu. Laissez-le sur votre droite ; un bon sentier en courbe de niveau, étroit par endroits, surplombant la route, vous ramène à…

5h15 L'**auberge d'Ahusquy** et au parking.

Le pic d'Orhy

Au faîte du Pays basque

15

La Haute-Soule est le pays des gorges, des replis, des escarpements, des failles verticales. Un bataillon de sommets disloqués et la rudesse des cicatrices signalent la puissance de l'orogenèse. On entrevoit dans l'âpreté des adrets la dureté des hivers. La présence de nombreuses granges abandonnées et de prairies de fauche envahies de genévriers souligne aussi la ténacité de la vie et sa composante négative : l'exode rural. Ici, on entre dans la montagne en partant de très bas. L'ascension débute dès les rives du Saison, aux petites plaines agricoles soignées comme des jardins. Au fur et à mesure, le paysage se révèle, dévoilant les forêts de la Haute-Soule, et on pénètre alors dans une cathédrale de feuillus. La hêtraie montagnarde atlantique est un élan vertical, une pulsion élémentaire de troncs alignés offrant une lumière de recueillement. Les derniers hêtres perdent leur ordonnance en atteignant la limite des estives et leurs tiges se nouent, dans un dernier effort, portant un couronnement de feuillage vert tendre. Le pastoralisme est très présent, la transhumance une nécessité et un rite. L'été, les estives carillonnent de troupeaux de brebis à tête noire. Une multitude affamée s'éparpille au milieu des bouquets dorés de grandes gentianes.

L'Orhy est le sommet le plus élevé du Pays basque. Depuis le signal géodésique, le ciel encore imprégné par la lumière marine semble se diluer dans les lointains de la vallée de Salazar que les vautours traversent d'un claquement d'aile.

Vautour fauve

La face sud de l'Orhy

Accès Depuis le village de Larrau, suivez la D 26, qui s'élève par de nombreux lacets, traverse le bois de Saint-Joseph et franchit le col d'Erroymendi. Elle vous conduit au port de Larrau (1585 m), marqué par la borne frontière 237.

Période Été et automne

Difficulté Assez facile, mais malgré tout parcours de haute montagne : beau temps obligatoire

Dénivelé 450 m

Horaire 3h30

Carte 1346 ET Forêt d'Iraty

depuis le port de Larrau

Vers l'est et le Chardékagagna

0h00 **Port de Larrau** (1585 m). De nombreux postes de chasse jalonnent la crête frontière qui s'élève vers l'ouest en partant du col. Empruntez un sentier bien marqué qui démarre versant espagnol en franchissant un talus et monte en évitant les postes de chasse.

Poursuivez sur ce bon chemin en laissant le fil de l'arête à droite (nord), dans des pentes herbeuses dominant les montagnes navarraises, et contournez largement par le sud le sommet dénudé et garni de pierraille de l'Orhy Chipia (1883 m) qui dépasse de la crête.

0h45 Franchissez un court **ressaut** qui entaille une barre rocheuse et parvenez à une fourche marquée d'un cairn. Elle propose une variante de montée par des pentes d'herbe versant sud, puis gravit l'arête est. Nous l'éviterons car le terrain, peu engageant, constitué d'un mélange d'herbe et de cailloux instables, fait que cette variante n'est pas recommandable.

Poursuivez en face jusqu'à un petit col échancré ❶ sur la crête sud-ouest (env. 1920 m) qui commande l'accès à l'immense face ouest de l'Orhy. Gravissez cette crête large et herbeuse orientée sud-ouest sur environ 100 m, puis traversez la face ouest quasiment sur toute sa largeur et parvenez par quelques lacets très marqués un peu en dessous du sommet de l'Orhy, au nord de la borne sommitale en ciment.

1h30 Gagnez le sommet de l'**Orhy** (2017 m). Débris métalliques en contrebas d'un pylône tordu.

Descente par temps clair et dégagé

Descendez facilement jusqu'au petit col ❶ par le même chemin. Poursuivez vers le sud la grande arête sud-ouest, qui plonge vers la Navarre, et longez une clôture par la gauche sur 50 m. À son extrémité, contournez-la par la gauche et descendez l'arête sud-ouest. Restez plutôt à droite, au ras de la grande face ouest, en évitant les pentes raides qui commandent les pentes à votre gauche. Visez (par beau temps) un réservoir d'eau rectangulaire planté sur un large replat de la crête.

2h30 Rejoignez le **réservoir** à 1600 m ; il alimente un abreuvoir situé 50 m plus au sud. Par une des nombreuses sentes d'animaux qui longent la courbe de niveau 1600 m, et en visant la bouche du tunnel bien visible (versant Navarre), dirigez-vous vers l'est.

Restez sur la courbe 1600 m qui franchit un petit vallon parcouru par un ruisseau et remonte sur un épaulement herbeux. Laissez à droite (sud) un abreuvoir sur cet épaulement borné par un piquet bicolore et montez lé-

ARDI GAZNA, LE FROMAGE DE BREBIS

Parfait exemple du savoir-faire des artisans basques, l'Ardi Gazna est aujourd'hui encore élaboré par les bergers, dans leurs estives, grâce au lait de leurs brebis de race locale : les manech têtes noires. Les procédés de fabrication n'ont pas changé depuis la nuit des temps : filtrage du lait, coagulation, séparation du petit-lait et du caillé. Les instruments aussi sont immuables : fouet de houx, chaudron de cuivre, baguette de sureau et moule de bois. Le plus connu des fromages est l'Ossau Iraty qui bénéficie d'une AOC. Au sud, on trouve aussi le Roncal et l'Idiazabal, si rare qu'il est vendu aux enchères. Traditionnellement servi avec de la confiture de cerises noires d'Itxassou, un fromage jeune se remarque à sa croûte jaune orangé, gris cendré pour un plus mûr. Pour un bon fromage, il faut compter un affinage d'une durée minimum de huit mois.

gèrement dans des pentes herbeuses pour contourner la bouche du tunnel routier par la gauche, en passant largement au-dessus.

3h30 Rejoignez le chemin d'ascension en contrebas des premiers postes de chasse et, par un talus terreux, regagnez le **port de Larrau.**

Départ du port de Larrau

Le pic d'Igo depuis Apezetchia

Au carrefour des vents

16

Les ciels de Soule ont une humeur variable. En plein décembre, par vent du sud, vous pouvez gravir le Bimbaleta en chemisette. Au contraire, en juillet, s'il tourne au nord, il faudra rentrer la tête dans les épaules et chercher un coin abrité.
Le vent au Pays basque, c'est ce qui fait la différence. À la belle saison, s'il vient du nord, c'est la certitude d'une randonnée aérée sous un ciel limpide, lavé de ses scories. S'il tourne à l'est, c'est l'anticyclone, le paysage vibre sous une chaleur dorée. Les matinées sont sans un souffle, pas une barbule ne griffe le ciel, les martinets rayent l'azur de leurs zébrures argentées. Le temps semble suspendu, les cloches des villages sonnent claires et pures dans un lointain frissonnement d'insectes.
S'il vient du sud, alors commence la fournaise. L'orage s'annonce dès le matin, dès les premiers mètres, les jambes collent et l'haleine du soleil ressemble à celle d'un ivrogne aux fêtes de Bayonne. L'air devient brûlant, le ciel se remplit de cumulus énervés. Les vautours font des orbes dans le ciel, de plus en plus hautes, profitant du soufflet de la forge. On sent bien qu'une armée se met en marche et, derrière elle, une infanterie musclée sonnant du cor et des trompettes… Puis c'est l'orage qui fracasse la vallée de Belagua, roule sur Iraty, déboule sur Occabé. Mais il passe, accroche l'Anie, démonte le Barétous (juillet 2005), écrase la vallée d'Ossau (2004) et s'échappe en ricanant vers le Gers.

Accès Depuis Tardets, prenez la D 26 direction de Licq-Athérey, dépassez le village de Licq de 300 m et, dans un grand virage, prenez la route qui part à gauche vers les quartiers de Süselge et de Teinture. Au niveau d'un premier pont, prenez à droite et longe le ruisseau de Susselgue, puis la pisciculture, La Truite du torrent.
Franchissez un nouveau pont et atteignez un croisement. Prenez à droite, franchissez un autre pont, puis gagnez l'angle de la maison Bordaberry (450 m). Garez-vous sur un terre-plein en face d'une piste (panneau de bois « Losko »).
Période Du printemps à l'automne
Difficulté Facile et balisé, mais un dénivelé qui commence à compter
Dénivelé 950 m
Horaire 5h00
Carte 1446 ET Tardets

Au-dessus du cayolar d'Hilague, au fond le pic d'Anie

0h00 Terre-plein **Bordaberry.** Remontez sur 1 km vers l'ouest le chemin goudronné jusqu'à une fourche. Prenez à gauche une piste récente qui passe au-dessus de la maison blanche Escalampougnéo.

Parvenez à un collet peu marqué (700 m) qui domine deux granges dont l'une au toit de tôle. Prenez à gauche en franchissant un portail en fer et montez sous les ramures de nombreux châtaigniers.

0h30 À un nouveau **croisement ❶** prenez à droite un chemin, au début descendant (marques de peinture bleue et verte).

Cinq minutes plus tard, ne vous engagez pas vers une porte en bois, mais contournez par le sud la grange Teinturia. Au niveau de l'entrée de cette grange, prenez en face et passez sous une ligne téléphonique. Le chemin vous conduit à longer de nombreux postes de chasse jusqu'à une palombière surmontant une tour métallique.

Montez à découvert un chemin raide jusqu'à une barrière métallique (à refermer). À un virage en épingle, laissez une piste monter à gauche et traversez un bout du bois de Zaguitete.

1h00 Débouchez sur une **crête herbeuse** appelée montagne de Sombiague. Cette large crête conduit

sans difficulté sur le pic d'Harribeltzeta (918 m).
Suivez cette crête vers le sud-est, de poste de chasse en poste de chasse (abreuvoir). Rejoignez un bout de piste qui conduit facilement à un petit col (1000 m) et à la cabane d'Herrearausque, au nord du pic Losco (vue fantastique tout le long).

2h00 Gagnez le **col Losco** (1080 m) où l'on croise la piste qui nous permettra de descendre (cabane cachée à l'est). Panneau « Teintura Borda » en bois.
Poursuivez en face et parcourez 300 m jusqu'à une fourche. Prenez tout droit en pénétrant sous le couvert végétal… Suivez cette piste qui monte, dépasse une épingle à cheveux et…

2h20 Débouchez sur un **col** qui domine le cayolar d'Hilague au sud (pylône). Par une piste au début, puis dans les pelouses, parvenez facilement au…

3h00 **Pic d'Igountze** (1382 m). Vue sur : la plaine au nord, Ehujarre, Kakaouéta, Bimbaléta, Lakhoura, Anie, Layens, Trône du Roi, Rocher d'Aran, Orhy, Arbailles, Orgambideska.
Redescendez par le même chemin jusqu'au pylône, puis au col de Losco (1080 m). Prenez à droite en regardant vers le nord-nord-est et passez au-dessus d'une cabane à moitié cachée. Descendez en suivant une piste bien tracée, d'abord au sud, puis peu à peu au nord.

4h00 Dépassez une série d'arbres brûlés et parvenez à un **grand croisement ❷** (panneau « Losko ») dans le bois d'Anthole. Prenez à gauche en descendant. Franchissez une série de trois barrières canadiennes et de nombreux lacets. La piste conduit sans difficulté jusqu'à…

5h00 **Bordaberry.**

Gorges de Kakaouéta
et crête du Bimbaleta

LE TALOVA

C'est une galette de farine de maïs dont la pâte ressemble à la crêpe, mélangeant à part égale farine, eau et levure de boulanger. On pétrit cette pâte pour former une boule ferme, puis on laisse reposer pendant deux heures. Idéalement, ces galettes appelées *marukuku* se cuisent sur la cendre d'un bon feu de cheminée. Puis, étalées en fines lamelles qui rappellent les tortillas mexicaines, garnies de ventrêche, de fromage blanc, de chocolat ou de confiture, elles sont cuites à la poêle. Ensuite, servies pliées ou roulées, accompagnées de cidre, elles peuvent se consommer sans modération.

Le canyon

Allons voir l'Anie

17

Les canyons de la Haute-Soule figurent parmi les merveilles naturelles des Pyrénées. Ces prodigieuses entailles découpent le nord du massif calcaire de la Pierre-Saint-Martin dans une roche vieille de soixante millions d'années. Ces crevasses s'enfoncent dans les profondeurs de la forêt basque et proposent un ensemble de parois hautes de 300 m où la lumière a du mal à percer.
Le besoin d'exploration de l'homme est sans limites. En 1908, E.-A. Martel, accompagné d'une équipe de Mauléon, entreprend une première campagne de recherche et remonte une partie d'Holçarté. Ollivier, Mailly, Cazalet, pyrénéistes notoires, prennent la suite et percent le mystère de la rivière en août 1933 en effectuant la descente intégrale de son cours.
Mais ces canyons ne sont que la partie visible d'un immense réseau souterrain de rivières et de boyaux obscurs. Les raisons d'un tel phénomène se situent plus haut, à la limite des neiges et portent un nom : les Arres d'Anie. C'est un monde de roches nues, de cavités froides et humides, d'effondrements silencieux. Ce paysage de lapiaz, qui domine la station de ski, exprime la lutte active de l'eau contre la roche. La percolation des eaux de fonte chargées de gaz carbonique a creusé un réseau souterrain parmi les plus grands du monde et découvert en 1951 par Lépineux. Depuis, 30 ans d'exploration ont permis de découvrir un royaume nocturne, aux frontières incertaines, qui se développe sur 30 km de long et plonge à 1350 m sous la surface glacée de la Terre.

Bénitier de l'église de Sainte-Engrâce

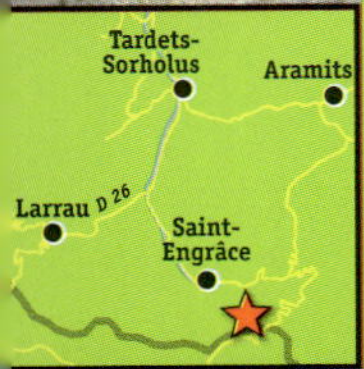

Lapiaz

Accès Depuis Tardets, suivez la D 26 et dépassez Licq de 2 km ; prenez alors la D 113 jusqu'à l'église de Sainte-Engrâce. Parking derrière l'église.

Période Du printemps à l'automne

Difficulté Assez facile (mais dénivelé important), itinéraire de montagne balisé

Dénivelé 1200 m

Horaire 5h30

Carte 1446 ET Tardets

d'Ehujarré

Canyon d'Ehujarré

0h00 Sainte-Engrâce. De l'église, descendez une ruelle vers l'est en suivant le GR 10 (balisage rouge et blanc). À une première fourche, prenez à droite (sud) un chemin goudronné. Parcourez 200 m et abandonnez le GR 10 (640 m) qui file vers l'est avant un pont pour continuer à droite (panneau « Ehujarre » en bleu).
350 m plus loin, franchissez un nouveau pont et prenez une piste qui conduit à un croisement où vous prenez en face (Ehujarre, panneau bois). Parcourez 450 m et abandonnez la piste avant un pont en franchissant une barrière qui ferme une clôture (panneau et balisage jaune).
Attaquez un chemin, au début en sous-bois, et traversez plusieurs fois le cours du ruisseau. Puis montez à sec, rive droite, dans le début des gorges d'Ehujarre. Traversez une zone d'éboulis et repassez rive gauche du ruisseau jusqu'à déboucher…

1h00 Sous une **dent** blanche de **calcaire** caractéristique (1000 m). Continuez votre progression sur un chemin qui surplombe par moment le lit du ruisseau à sec.
Puis sortez brusquement du bois pour attaquer un raidillon qui conduit aux grottes de Molerse. Venez buter sur une jolie cascade de 15 m du ruisseau de Beltza, à nouveau actif.

2h00 Débouchez au pied d'un **plateau dénudé** que domine à droite le pic Lakhoura. Au bout du ravin, parvenez à un croisement de chemin (1420 m). Prenez à gauche (panneau « Tour des gorges d'Ehujarre », balises de traits jaunes).
Longez la courbe de niveau vers l'est,

en direction du plateau d'Errayzé, percé de nombreuses dolines. Dépassez un panneau en bois qui indique « Sainte-Engrace par le bois d'Utzia ».
Longez la clôture d'un enclos à brebis (1432 m) où vous trouverez un balisage jaune, sur son angle gauche, qui vous donnera la marche à suivre. (Dans le brouillard, attention à la traversée de ces bancs de calcaire : balisage vert et blanc et jaune. Une piste au sud permet de rejoindre la D 132 et le col d'Errayzé.)

2h30 Rejoignez un **ravin sec** et montez au nord-est, en laissant un pluviomètre à droite, pour rejoindre après un ressaut la piste d'Errayzé.
Suivez la piste (par moments goudronnée) vers le nord. Traversez un bois et quittez la piste dans un coude à gauche, avant qu'elle n'atteigne le cayolar de Ligoléta.

Derrière une petite falaise qui abrite le cayolar abandonné d'Utzigagna, laissez le chemin balisé en jaune partir à flanc vers l'ouest et gravissez la pente d'herbe vers le nord (par beau temps) en direction du sommet.

3h00 Atteignez rapidement le sommet de l'**Utzigagna** (1618 m) où le tour d'horizon est grandiose : Anie, Trois Rois, Lakhoura, Orhy. Traversez ce sommet presque plat en direction d'une borne géodésique vers le nord.
Commencez à descendre en apercevant les premières maisons du village, que vous dominez de 1000 m, et en laissant le ravin d'Arpidia à droite. Une descente dans l'herbe vous permet de rejoindre un large chemin taillé où vous retrouvez le balisage jaune. Une série de lacets conduit au début d'une clairière (arbre mort) qui annonce l'entrée du bois d'Utzia.

3h30 Parvenez au **cayolar** ruiné **d'Utzipia.** Trouvez un poteau (1315 m) vers l'ouest, en contrebas, qui indique l'amorce d'un chemin large et facile s'enfonçant dans le bois d'Utzia.

L'Anie depuis le cayolar d'Utzigagna

4h00 À une **clairière,** abandonnez la piste pour prendre à gauche un sentier qui permet de couper les lacets fastidieux de la piste. Plusieurs sentes assez glissantes permettent de rejoindre dans un coude la piste principale maintenant carrossable. Suivez-la en descendant, puis abandonnez-la dans un virage à droite (830 m ; cairn + balisage) pour rejoindre un quartier de quatre granges (Unguraturia, 710 m) où il faut tourner à droite et passer entre deux murettes de pierre avant de buter sur la plus grande des deux bâtisses. Le sentier se faufile sous des noisetiers et permet de rejoindre le GR 10 qui arrive de droite.

5h00 Traversez le **ruisseau d'Arpidia** par un pont et rejoignez la piste ; remontez jusqu'à...

5h30 L'église de **Sainte-Engrâce.**

Hondarri

Balcons fleuris et vagues apéritives

18

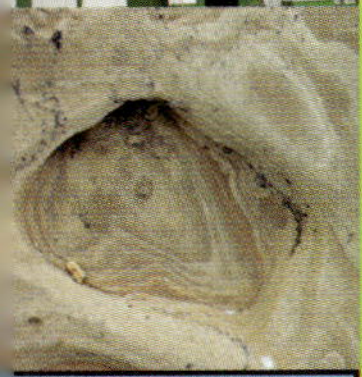

Première version, façon Ph. K. Dick

Des fils dépassent de ses oreilles, il regarde un écran à cristaux liquides qui sonnent, cliquètent et scintillent. Une carte jaune avec des tracés en surbrillance le guide dans son labyrinthe ensoleillé. Il suit la voix monocorde qui lui dicte son itinéraire, l'interpelle et bientôt l'engueule quand il a oublié de tourner au croisement C 14. Le randonneur hypermoderne a téléchargé ce matin son itinéraire de l'Internet sur son terminal électronique. Une blonde au fort accent allemand a bien essayé de le faire dévier de son objectif, mais il a suivi sans faiblir les procédures d'enregistrement par login et mot de passe.

Maintenant, il suit l'azimut électronique sans même lever les yeux de son écran pour contempler l'océan dérouler ses lames de plus en plus rapprochées. Les rouleaux d'une infinie puissance attaquent sans faiblir le pendage d'une dalle de grès oblique à 45°. Le chemin vient longer une falaise ocre que notre randonneur hypermoderne emprunte. Il ne le sait pas encore, mais il est foutu. Un imperceptible battement du cœur thermonucléaire de notre étoile centrale provoque un sursaut infinitésimal du champ électromagnétique et le guidage GPS de Maurice bafouille.

Le temps terrestre suspend ses pulsations et les eaux du golfe de Biscaye recueillent le corps désarticulé d'un randonneur alpha absorbé par les instructions d'une base de données collaborative. Il est aussitôt repéré par les vingt-quatre satellites géostationnaires qui guident, conseillent et surveillent notre sécurité partout dans le monde, avant de disparaître dans l'océan.

Cabo Higuer

Accès Il suffit de gagner le port (d'Hendaye)…

Période Toute l'année

Difficulté Facile et balisé (n'oubliez pas votre maillot de bain)

Dénivelé 200 m

Horaire 5h00

Carte Jaizkibel au 1/25 000 (Urtarilla Édition)

bia et le Cabo Higuer

La fin des Pyrénées

Deuxième version, façon *Guide Bleu*®

À l'embouchure de la rivière Bidassoa, Hondarribia est un joyau admirablement préservé. La ville dessine une bande urbaine colorée adossée au Jaizkibel et tournée complètement vers la baie de Chingoudy. Elle n'est séparée de la France que par un bras de rivière spongieux qui vers Béhobie ne mesure que quelques mètres. En son milieu, sur l'île aux Faisans, fut signé en 1659 le traité des Pyrénées donnant vie aux frontières modernes des deux États.

Le vieux quartier fortifié de Hondarribia est acculé à des remparts du XVe siècle, peu à peu rongés par des constructions récentes. Il est délimité par l'énorme porte Santa Maria surmontée d'un blason de la ville et d'une statue de la Vierge. La calle Mayor et la calle de Santiago, pavées et pentues, conduisent au centre historique. De hautes maisons peintes, ornées de balcons fleuris, certaines blasonnées, en bornent les abords. Leurs toits prolongés d'auvents sculptés surplombent les ruelles étroites aux minuscules boutiques anciennes. Le quartier ancien centré autour de la plaza de Armas et du palais gothique est le lieu de convergence, le soir venu, d'une foule énorme. À l'heure de l'apéro, les cafés minuscules débordent de visiteurs. Alors, les gens boivent dehors et mangent des *pintxos* en parlant haut et fort de politique ou de foot, accoudés à d'immenses barriques. Pour survivre, il faudra alors marcher vers le Cabo Higuer où le vacarme des vagues semblera aussi doux que le murmure des cigales.

Un commerce d'Hondarribia

0h00 Prenez la navette qui relie le port d'Hendaye à celui de **Hondarribia** en 5 min. Du débarcadère, suivez le front de mer par la droite en laissant la vieille ville à gauche. Contournez le nouveau port et la plage de Hondarribia, puis la baie de Hondarribiko. Passez devant le vieux fort en ruine et gravissez un raidillon qui monte entre les maisons. Au sommet de la côte, à la fin de la rue Pierre-Lharde, vous parvenez à un croisement : prenez à droite.

1h15 Face au **phare du Cabo de Higuer** (restaurants), dépassez le camping et un restaurant, puis suivez un chemin de terre (balisage GR). *Facultatif : avant cela, prenez le sentier qui contourne le phare par la gauche ; une sente conduit face à l'île d'Amuaitz où vous pouvez descendre par un chemin taillé jusqu'aux eaux turquoises qui baignent le cap du Figuier.*
Au niveau d'un grand virage à droite, vous pouvez, par un petit sentier, descendre vers une crique sympa (10 min).

Le chemin côtier pénètre dans un sous-bois de châtaigniers et de pins. Vous parvenez au croisement 17 (panneau « Kapelaundigain ») : poursuivez en face par un chemin sablonneux. Faites de même au niveau du croisement 16 (panneau « Txugur »).

2h30 **Croisement 14** (« Artzuazpi ») : vous laissez le GR à gauche (est). Poursuivez en face (sud), passez sous une ligne HT et débouchez sur une esplanade herbeuse offrant un promontoire face à l'océan. À droite, un sentier à travers la lande amène à un formidable point de vue. Quinze minutes plus loin, au croisement 8 (« Artxao »), prenez à gauche en montant jusqu'à une barrière. Un peu plus loin, laissez la direction du gîte Artzu à gauche (9 : « Txaramotx ») pour rejoindre le goudron. Montez 250 m et, à l'angle d'une grande maison blanche, prenez à gauche un étroit chemin en ciment descendant.

3h15 Vous parvenez au **croisement 64** (« Larrazuri ») ; à l'angle d'une maison, prenez en face et descendez dans un vallon champêtre jusqu'au croisement 26 (« Menditxiki ») et cheminez jusqu'au 25 (« Bidetxabal »). Suivez le goudron vers le nord maintenant jusqu'au 23 (« Saraberdi »), où vous continuez en face.

4h00 Un chemin goudronné en crête conduit au **croisement 22** (« Lerineko Atzea »), où vous tournez à droite vers Higeralde, 500 m avant le monument en métal de San Telmo. Descendez jusqu'à l'angle d'une maison à la façade jaune. Prenez alors à gauche face à Hondarribia par un chemin cimenté très raide qui descend au milieu des jardins et débouchez à l'angle d'un boulevard, face au restaurant Arroke Berri.
Prenez à droite vers Hondarrabia (panneau) et passez devant l'auberge de Jeunesse Juan Sebastian Elkano. Suivez le boulevard sur 10 m et tombez sur un grand rond où vous laissez à droite la direction routière du Jaizkibel.

4h30 Prenez en face la **direction du port** et rejoignez la promenade maritime qui conduit au…

5h00 **Débarcadère d'Hondarribia.**

La baie du Figuier
et l'estuaire de la Bidassoa

LE SAGARNOA

Le *sagarnoa* ou *sagardoa* est la boisson ancestrale des Basques et viendrait tout droit d'un breuvage fermenté né au Néolithique, la *pitarra*. Peu alcoolisé, peu sucré, il n'a rien à voir avec le cidre breton, doux et mousseux, sauf qu'il est fabriqué avec les mêmes ingrédients, les pommes. Composé d'un subtil mélange de pommes acides, amères et douces produites par la greffe de vieux pommiers, le *sagardoa* se boit dans les cidreries de Guipuzkoa à la fin de l'hiver. Ces cidreries sont des lieux festifs où on peut boire à volonté en mangeant rituellement toujours les mêmes plats : la morue, l'omelette et la côte de bœuf.

Le Jaizki

Prendre le large

19

« Tout aventurier doit se tourner à certaines heures du jour vers l'île de la Tortue, comme le croyant se prosterne dans la direction de La Mecque. » P. Mac Orlan

D'une embouchure repliée sur les terres s'ouvrant à l'océan par un fjord étroit, les marins basques en ont fait un emplacement idéal pour un port. Les corsaires pouvaient s'y cacher et fondre sur les bateaux qui frôlaient le rivage.

Les abords de Pasaia ont des allures de Liverpool. Pétroliers, chimiquiers s'amarrent aux môles industriels parce que Pasaia est le port de fret de la ville voisine de San Sebastian. Fief des nationalistes basques, peuplé de gosses insolents à grosses boucles d'oreille, on s'attend à voir débarquer Corto Maltese baluchon sur l'épaule, directement de l'annexe d'un cargo fatigué. Le rivage est piqué de grands pieux usés où tanguent des barques multicolores. Parfois, un énorme minéralier passe au raz des fenêtres et la vague d'étrave vient mourir au pied des terrasses, des restaurants à touristes. Deux français marquèrent l'histoire de Pasaia. La Fayette s'embarqua ici pour l'Amérique, et Victor Hugo y séjourna en 1843. Ces deux hommes sont honorés pour leur lutte en faveur de la liberté des peuples et l'on sait ici, rien qu'à regarder les slogans décochés sur les murs, ce que ces mots-là veulent dire. Le Jaizkibel domine Pasaia de 500 m et l'urbanisme énervé n'a pas dégradé ces parages sauvages que déchirent les tempêtes. Parce qu'elle mêle envolée marine et paysage pastoral, cette randonnée est unique dans les Pyrénées. Gravir le Jaizkibel face à l'immensité océane, c'est prendre un ticket pour le grand large.

Accès Depuis Hendaye, empruntez l'A 8, en direction de San Sebastian (Donostia) et sortez à Errenteria Est ; passez plusieurs ronds en suivant la direction « Errenteria centre » ; puis suivez la direction « Lezo/Pasaia puerto » et « Jaizkibel », puis direction « Pasaia Doniban Jaizkibel » en quittant Lezo. Grand parking à l'entrée de Pasaia Donibane.

Période Toute l'année

Difficulté La descente de la crête d'Atalaia est déconseillée aux personnes sujettes au vertige ; balisé à 80 %

Dénivelé 550 m

Horaire 5h00

Carte Jaizkibel au 1/25 000 (Argitalpena, 199 Urtarrilla Edition)

bel depuis Pasaia Donibane

Faro de la Plata et embouchure de la ria de Pasaia

0h00 Remontez la ruelle étroite qui traverse entièrement le **village de Pasaia** et passez devant la maison qui abrita Victor Hugo en 1843. Sortez complètement du port en longeant les berges de la ria. 50 m avant un petit phare rouge et blanc, tournez à droite et montez en suivant les balises du GR 121 ; grimpez à travers une lande à genêts en vous élevant sèchement pour déboucher, après 200 m de dénivelé, sur une croupe qui domine Pasaia. Suivez le fil de cette épaule herbeuse jusqu'à une clôture qu'il faut franchir. Suivez la à droite jusqu'aux…

1h00 **Ruines du fort** de Lord John Lay (205 m ; tables de pique-nique) : une courte descente permet de rejoindre le goudron, puis la route du Jaizkibel. Suivez-la à gauche sur environ 2 km et parvenez à un bosquet de pins isolés. Quittez alors la route en prenant un sentier à droite (balisage du GR). Franchissez une clôture et montez à découvert. 200 m plus loin, franchissez une nouvelle clôture au raz de la route et montez jusqu'à un croisement (à droite : Basilico Santo Cristo de Lezo). Dépassez une première tour datant des guerres carlistes, puis une deuxième (Bigaden Dorrea) et parvenez sur la crête rocheuse terminale du Jaizkibel.

Maisons de Pasaia Donibane

Contournez deux pylônes de télécommunications par la droite...

2h30 Et grimpez jusqu'au **sommet du Jaizkibel** (547 m ; ruines du fort San Enrique).
Descendez tout d'abord par le même itinéraire jusqu'à retrouver la route, que vous suivez pendant 500 m.

3h30 Au niveau d'une **cafétéria** (panneau « Paintball »), prenez à droite et longez parallèlement la route au milieu des fougères, jusqu'à un croisement. Poursuivez à droite (nord) et gagnez un groupe de maisons (Kabite) où vous empruntez un chemin de terre qui monte au début. Franchissez une clôture et parvenez à un corral en planche face à la mer (Londres). Un chemin quasiment horizontal dans des pelouses, face à l'océan, permet de faire le tour du pic Mitxilxola (322 m).

4h00 Vous rejoignez une **pinède.** À son coin occidental, vous trouverez un croisement (Morro) qui surplombe la mer. Prenez un chemin en face (ouest) jusqu'au passage d'une clôture postée au début d'un chemin en crête. Balisé de marques vertes, il suit le fil d'une crête aérienne qui descend plein ouest jusqu'au faro d'Atalaia. Avancez sur le fil de l'arête jusqu'à une dernière palombière (Azariondo), puis sur sa gauche (versant sud) et légèrement en contrebas. Vous contournerez des gros blocs de grès jusqu'à déboucher sur le fil d'une taillante effilée mais sans difficulté (ambiance !). Une vire à droite (vers l'océan) permet de franchir quelques mètres, puis montez sur le fil de la taillante. À l'aide de gros trous, descendez quelques mètres derrière (sud) et débouchez sur une terrasse au pied d'un énorme bloc de grès.

4h30 Longez le pied du **bloc de grès** par un sentier sablonneux qui se faufile sous des grands blocs troués de formes étranges. Il conduit à un système de vires qu'il faut suivre vers l'ouest. Sans aucune difficulté, on atteint un vieux pylône rouillé...

4h45 ...puis le phare Atalaia marquant l'entrée du port de Pasaia. Suivez le chemin en ciment qui y démarre et ramène à Pasaia.

5h00 Parking de **Pasaia.**

LES TRAÎNIÈRES (ESTROPADAK)

Les traînières sont les embarcations de pêche traditionnelles du Pays basque. Ces longues barques de bois, emmenées par une douzaine de rameurs, étaient utilisées en haute mer entre autres pour la pêche à la baleine. Autrefois, le premier arrivé au port était celui qui pouvait vendre le plus cher son poisson ; ce qui provoquait déjà des courses forcenées entre les équipages. Avec l'apparition du moteur, les traînières changèrent de vocation et ne servirent plus qu'à quelques défis entre ports de pêche. En 1878, eurent lieu à Saint-Sébastien les premières régates. Les rameurs se regroupèrent ensuite pour former des clubs, assez nombreux de nos jours. Les courses de traînières connaissent aujourd'hui un succès populaire et on vient des deux côtés de la frontière pour assister aux régates.

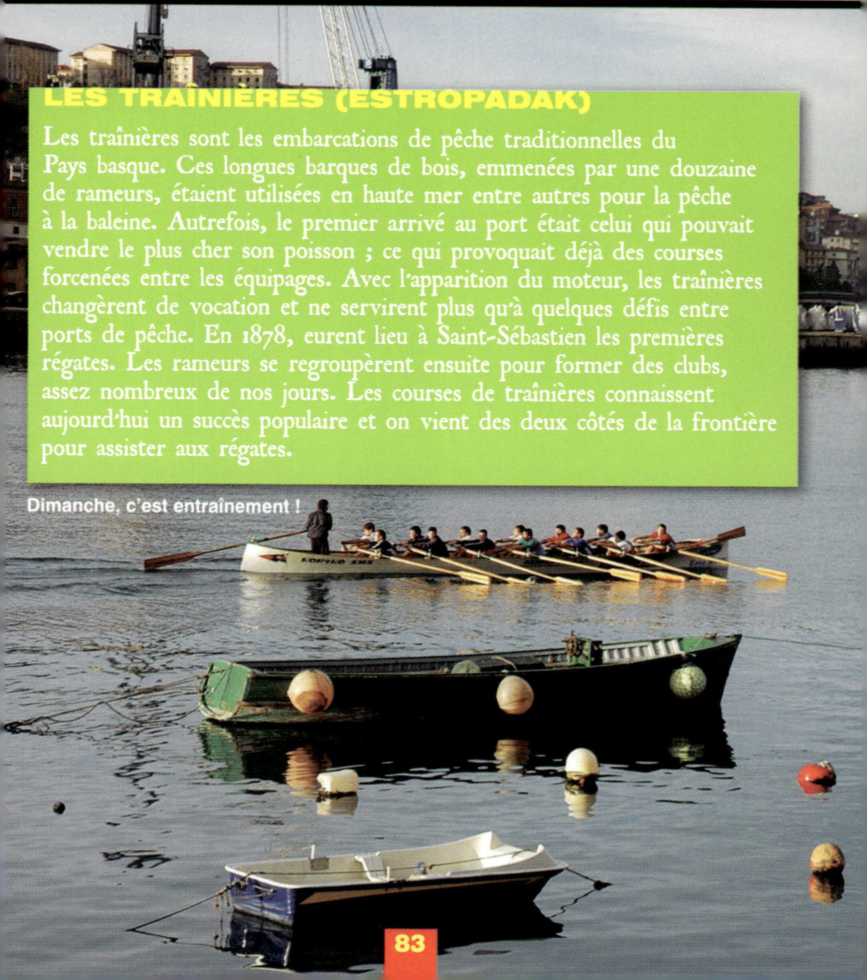

Dimanche, c'est entraînement !

De Pasaia à
par le chemin du littora

Du débarcadère à la Concha

20

« *L'aventure est dans l'imagination de celui qui la désire.* »
P. Mac Orlan

Si l'on débarque au petit jour sur le port de Pasaia, on s'aperçoit vite que cette balade n'a plus rien à voir avec la terre. Elle commence aux limites du port et vous en arrache pour de longues heures. Elle ne vous libère que le soir venu, les chaussures boueuses, le cheveu hirsute et le regard dépoli par la lumière du large. Au débarcadère de Pasaia, c'est bien un territoire en fin de terre que l'on contemple. Ici, l'aventure se mêle aux vents de la mer. Les drapeaux de Gibraltar, des Bahamas et de Malte claquent sur le pont des navires de commerce. Minéraliers et porte-conteneurs venus des quatre coins du monde s'amarrent aux chalutiers basques dans un air saturé d'odeur de poisson frais. La marche s'ouvre sur une ruelle sombre comme une fissure dans une montagne et escalade une falaise de grès mouchetée de goélands. Le sentier contourne le *faro* de la Plata, austère vigie face à l'Océan. La balade longe une côte sauvage pour s'achever soudainement, comme elle a commencé, sur une ruelle humide de la vieille ville de Donostia, pleine de clameur et grouillante de corsaires urbains. Sans reprendre votre souffle, le pas encore mal assuré, vous longerez l'admirable Concha, inondée de soleil et bordée d'immeubles Belle Époque, jusqu'à la plaza d'Easo, au cœur des quartiers chics. Le train de banlieue vous ramènera, passablement sonné, à votre point de départ au milieu des immeubles lugubres du quartier ouvrier d'Herrera.

Accès Suivez l'A 63 jusqu'à la frontière, puis l'A-8 en Espagne, en direction de San Sebastian (Donostia). Parcourez une dizaine de kilomètres, prenez la sort Pasajes / Pasaia de San Pedro (n° 5 AB).
750 m plus loin, prenez en direction de San Sebastian par la N-1 ; parvenez à un grand rond ; dirigez–vous vers Pasaia San Pedro par l'avenida de Pasajes de San Pedro en longeant les quais, puis les halles par la calle Esnabide. Au bout de la calle Arrauniari vous trouverez un parking presque face au débarcadère de la navette qui relie l'autre rive de Pasaia Donibane.

Période Toute l'année

Difficulté Facile et balisé

Remarques Si vous n'appréciez pas le retour en train, vous pouvez organiser une navette à l'aide de deux voitures en en laissant une au port de Pasaia San Pedro et une autre à Donostia (parking del Buen Pastor ; 24h/24). Ou venir carrément d'Hendaye (gare internationale) en train jusqu'à Herrera

Dénivelé 120 m

Horaire 4h00

Carte Jaizkibal au 1/25 000 (Argitalpena, 1994, Urtarrilla Edition)

Donostia

Punta Txuri Zulueta

0h00 Du parking de **Pasaia – San Pedro,** empruntez la promenade piétonne qui longe la rive gauche de la ria. Contournez un vieux chantier naval et atteignez la pointe des Cruces qui borne l'entrée du port. Au bout, un escalier raide et humide permet de gagner de la hauteur. Vous accédez ainsi à un belvédère (table de pique-nique et grosse hélice).

Poursuivez et rejoignez une route bordée de pins. Prenez à droite en direction du Faro de la Plata jusqu'à la grille d'entrée du phare. Prenez à gauche un bon sentier balisé (GR et flèches jaunes d'une variante d'un chemin de Saint-Jacques) surplombant l'océan.

1h00 Évitez un **aqueduc en pierre,** puis, 15 min plus tard, un deuxième bout d'aqueduc qui s'enfonce dans une galerie obturée par une porte. Vous parvenez à un croisement marqué par un plot en bois : abandonnez la direction du chemin de Saint-Jacques qui

PINTXOS NUEVOS

Les *pintxos*, véritable gastronomie en miniature, sont aux tapas ce que Bocuse est au fast-food. Alliant esthétique et originalité, ces véritables constructions architecturales éphémères se mangent au comptoir en respectant deux normes très strictes. Elles doivent être dégustées debout en deux bouchées maximum. Cette cuisine minimaliste s'expose dans les bars de Donostia et la capitale de Guipuizcoa excelle dans ces débauches de créativité. Parfois œuvre d'art, un championnat a été crée, le réputé Campeonato de Pintxos de Gipuzkoa. Les champions se nomment : la Bodega Donostiarra et le Patio de Ramuntxo (0034 943 29 02 28 et 0034 943 32 16 61).

part à gauche et continuez par le GR qui descend à droite. Débouchez sur une route cimentée et prenez en face le sentier qui continue en sous-bois.

2h00 **Nouveau croisement** sur une pointe herbeuse : prenez en face un sentier qui domine la mer au milieu d'une lande à fougères. 50 m plus bas, parvenez à un croisement (inscription « Litoral » en jaune). Un détour à droite vers une pointe rocheuse vous permet d'admirer de curieux blocs de grès percés de trous géants dans une nuée d'oiseaux marins.
Revenez sur le chemin principal et poursuivez vers le sud où vous rejoignez un beau chemin pavé qui remonte en traversant une forêt de pins jusqu'à une fontaine remarquable. Vous prenez pied sur une éminence où se croisent trois chemins : suivez le GR qui plonge dans les pins et accédez à un nouveau croisement.
Prenez à droite au ras d'un jardinet en venant longer la base d'une muraille en pierre ; un croisement se présente, prenez maintenant en face un large chemin…

2h30 Qui rejoint le **goudron ;** plongez rapidement à droite et, par un chemin cimenté, parvenez en vue du quartier de Gros, attenant à la plage de Zurriola. Un escalier conduit à la calle Zemoria qui croise en bas l'avenida de Navarra ; prenez à droite vers le Paseo de la Zurriola que vous suivez jusqu'au palais des Congrès. Le pont de la Zurriola permet de passer rive gauche du rio Urrunea.
Le Paseo de Salamanca et son prolongement, le Paseo Nuevo, permettent de contourner le mont Urgull par l'ouest jusqu'à la plaza Jacques Cousteau ornée d'une sculpture d'Oteiza. L'aquarium se contourne par des escaliers jusqu'à la plaza Kaimingaintxo.

3h15 Empruntez le **passage souterrain** qui donne accès à la calle Portu. Elle conduit à la plaza de la Constitucion.
Prenez la calle Pescaderia, puis la calle Narrika à droite, la calle Firmin Calbeton est idéale pour rejoindre la calle Nagusia qui conduit à la mairie ; poursuivez jusqu'au début de la promenade de la Concha.

3h30 Gagnez la **plaza Cervantes** puis l'avenida Urbieta qui vous permet de rejoindre…

4h00 La **plaza Easo** où se situe la gare d'Amara, départ des trains de banlieue (le Topo style RER).

Retour

Direction Hendaia par le Topo ; ligne Lasarte Oria / Hendaia » qui dessert treize gares jusqu'à Hendaye ; un train toutes 30 min (1,15 € aller).

Laissez passer deux gares : Anoeta et Loiola, et descendez à Herrera.

En sortant de la gare du Topo, prenez vers l'ouest, descendez un escalier et traversez la N-1 pour entrer en face dans l'autre gare d'Herrera (RENFE) sur la ligne Madrid / Irun.

Traversez la ligne par deux passerelles, descendez et longez une rocade par un chemin aménagé contournant le port industriel.

Parvenez à un grand rond et prenez la direction de Pasaia San Pedro. Comme à l'aller, longez les quais et les halles ; tout au bout de la calle Arrauniari, vous retrouverez…

4h30 Le parking de **Pasaia-San Pedro.**

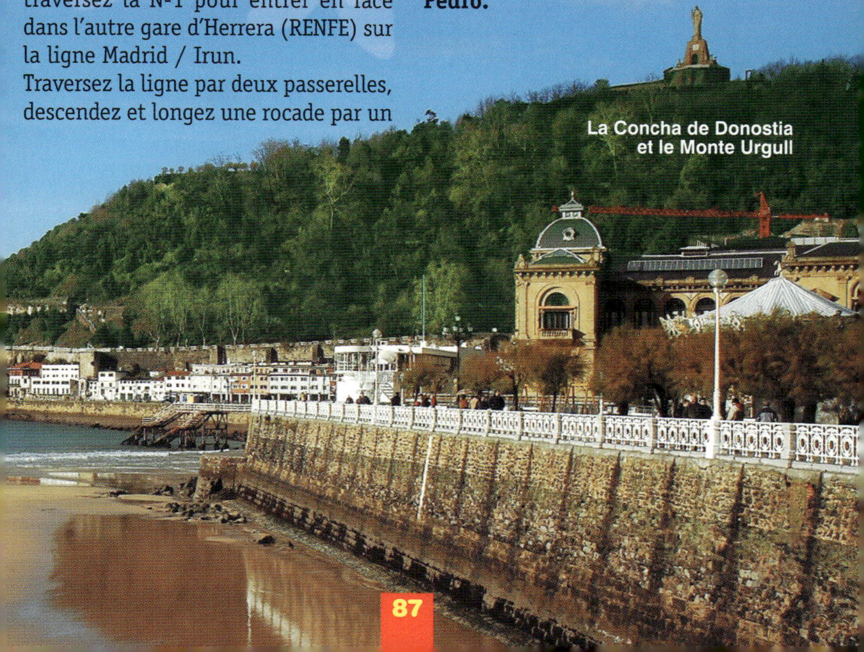

La Concha de Donostia et le Monte Urgull

La boucle d

Généreuse Navarre

21

Après la Reconquista, sous la conduite de Sanche le Fort, le royaume de Navarre se libère de l'influence arabe. Afin d'assurer l'installation des familles catholiques, des *fueros* sont institués dans les principales villes du Royaume. Ces contrats, issus du droit romain, garantissent une société presque démocratique où les maîtres de maisons élisent l'ensemble des assemblées locales. Représentés ensuite dans les assemblées provinciales, les fueros gèrent toute la vie administrative, le commerce et la défense. Les premiers *fueros* furent signés dès le VIIe siècle et chaque roi accédant au pouvoir s'engageait à les respecter. Ce système fut ardemment défendu et les tentatives pour l'abroger ont toujours suscité de violentes rébellions. Aujourd'hui encore, la Navarre se définit comme une communauté forale. L'opposition à l'autorité de Madrid née sur la base de ces *fueros* a profondément marqué les mentalités et se ressent encore dans la volonté d'autonomie des provinces basques. Le village d'Amaiur est célèbre dans toute la Navarre pour être l'un des derniers foyers de résistance aux rois de Castille. Les belles maisons blasonnées sont ordonnées le long d'un vallon. Notre randonnée démarre par des ruelles étroites aux balcons ruisselants de géraniums et s'élève vers le port d'Otsondo. Cette grande boucle permet d'apprécier en quelques heures la Navarre agricole farouchement repliée sur ses villages en se laissant guider par les courbures fragiles de ces paysages dérobés.

Meules de fougères (*metas*)

Vers le col d'Otsondo

Accès Depuis Saint-Étienne-de-Baïgorry, franchissez le col d'Ispéguy par la D949, descendez sur Erratzu, puis rejoignez la N-121. Prenez à droite (nord) et sortez à Amaiur.

Depuis Dancharria : franchissez le puerto d'Otsondo par la N-121 et sortez à Amaiur.

Parking sur une placette derrière l'église (grande croix et fontaine).

Période Du printemps à l'automne

Difficulté Plutôt facile, balisé à 80 %

Dénivelé 500 m

Carte Alpina Baztan au 1/40 000

Horaire 5h30

'Alkurruntz

Vallon d'Amaiur

0h00 **Amaiur.** Prenez vers le nord la rue centrale en passant sous une arche de pierre. Traversez complètement le village et parvenez à un croisement (chapelle). Laissez à gauche la direction « Monolita » et à droite « Cementerio » pour choisir en face un chemin cimenté qui file plein nord dans la vallée d'Anareko.
Au niveau d'une grande ferme, continuez tout droit en suivant les flèches jaunes du GR 65 et le balisage du PR NA 8.

0h30 Croisement à une **ferme** blanche : poursuivez tout droit et laissez à gauche un chemin descendre vers un pont. Parcourez 500 m jusqu'à un croisement, prenez à gauche et franchissez le ruisseau Anareko. 250 m plus loin, nouveau croisement : prenez à gauche en montant…

1h00 Laissez la direction d'une *casa rurale* à droite et franchissez un **pont.** Parcourez 250 m jusqu'à une fourche : prenez à gauche et remontez dans un chemin de terre qui traverse un bois pendant 250 m pour rejoindre à nouveau la piste en ciment.
Parcourez 500 m, nouveau croisement en forme de triangle : continuez sur le chemin en ciment en face. Faites 75 m, abandonnez le ciment, longez une clôture en face et grimpez dans l'herbe pour rejoindre à nouveau la piste (panneau NA 8).
Parcourez 250 m, atteignez un croi-

sement dans une plantation de chênes américains, prenez en face une large piste en descendant légèrement de 500 m pour arriver à un embranchement.

1h30 Prenez à gauche, **panneau « Otsondo »,** et abandonnez le chemin en ciment. 250 m après avoir traversé un bois par un vieux chemin, gagnez un croisement. Prenez en face et remontez un raidillon en sous bois où se croisent de multiples chemins de brebis et...

2h00 Parvenez au ras d'une **grange blanche.** Prenez à gauche un large sentier qui débouche à découvert, devient étroit comme un sentier de montagne et rejoint une plantation récente de mélèzes.

2h15 Parvenez au **col Otsondo** (panneau ; 632 m). Suivez la N-121B vers le sud sur 1 km et dépassez le croisement d'Orabidea (tables de pique-nique). Continuez sur 500 m et prenez la première piste qui part à droite.

2h40 Franchissez une **barrière canadienne** près d'une petite maison au bord d'un bois de mélèzes et grimpez jusqu'au col de Batarteko (742 m). De là, vous pouvez suivre l'arête sud de l'Alkurruntz, au début dans l'herbe, puis facilement par la crête rocheuse jusqu'au...

3h15 Sommet de l'**Altkurruntz** (932 m). Descendez par l'itinéraire de montée jusqu'au col de Batarteko. Du col, poursuivez la large piste vers l'ouest (2 km env.) jusqu'au...

4h15 **Col d'Aizkozko** (multiples panneaux). Choisissez la direction d'Azpilkueta et descendez facilement par une large piste en contournant la bosse arrondie du Larro jusqu'à surplomber les villages d'Azpilkueta et de Zuaztoi.
La descente s'effectue sans problème jusqu'à mi-pente (env. 500 m) où une fourche se présente à gauche (balise jaune et blanche PR NA 8) : il faut abandonner le large chemin principal pour choisir une branche à gauche qui s'enfonce dans un bois.
Effectuez 250 m pour trouver une grange et poursuivez (balisage) à droite en descendant de 750 m pour traverser un bois où il faut prendre à gauche.
Parcourez 250 m et franchissez une barrière en fer où vous retrouvez un chemin en ciment. 750 m plus loin, un croisement se présente avec une grande maison à gauche : prenez à droite et faites 250 m, puis tirez à gauche (panneau « Amaiur NA 8 » et à droite « Azpilikueta »). Le chemin s'enfonce entre des murettes de pierre jusqu'à une grande maison aux volets bleus. 250 m plus loin, longez un ruisseau que vous franchissez et remontez jusqu'à...

5h00 **L'ermitage Santiago.** Prenez à gauche le goudron sur 250 m pour

arriver à un croisement : suivez à gauche un chemin en ciment sur 750 m jusqu'à l'angle d'un énorme chêne. Quittez le ciment et franchissez une barrière en bois, continuez par un sentier herbeux vers le nord et passez une deuxième barrière en bois. Poursuivez par un chemin dallé qui conduit jusqu'à la N-121 que l'on traverse pour rejoindre…

5h30 Amaiur.

L'Argintzu

Depuis le col d'Urkiaga, en Pays Quint

22

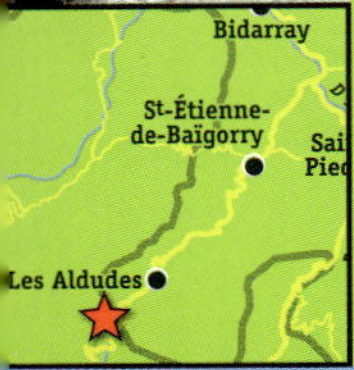

Autrefois, le franchissement du col d'Urkiaga s'effectuait par un mauvais chemin de montagne. Aujourd'hui, une route goudronnée le parcourt et relie ces deux bouts de Pyrénées éloignés de tout : la vallée des Aldudes à celle d'Eugi.

La nature, ici, a quelque chose d'admirablement pur et de vert, d'incroyablement originel.

Sur les crêtes, là-haut, tout le long des pâturages où paissent les chevaux, nos pas rencontrent d'innombrables cromlechs et menhirs, pierres fichées en terre étrangement disposées, en cercle ou alignées, semblant défier le temps. Le menhir d'Argintxu est énorme. C'est l'un des plus impressionnants de la montagne basque. Il fait 5 m de long.

La tradition populaire veut que cette pierre ait été jetée là par des *gentils,* les géants extraordinaires de la mythologie basque, sorte d'hommes sauvages qui vivaient dans les grottes. Le gentil, c'est le premier homme d'avant la christianisation, le premier cultivateur, le premier forgeron.

Plus loin, vers Argibel, non loin de la borne frontière 126, face à l'Autza repose, en équilibre, l'*Arri kilinka.* C'est un prodigieux bloc de grès de 12 m de long. La tradition veut que les jours d'*Egoa,* le vent du sud, la pierre parvient à bouger si fort qu'on entend ce bruit de loin et qu'il est semblable à une cloche. La légende veut que Roland l'ait propulsée depuis Pampelune, marquant ainsi la limite entre Baztan et Aldudes. Cette terre que la légende inspire a produit de grands poètes. Aux Aldudes se trouve la ferme où vécut Xalbador, l'un de ces plus grands *bertsulari* (barde).

Au-dessus du col d'Urkiaga

Accès Depuis Saint-Étienne-de-Baïgorry, prenez la D 948 qui s'enfonce jusqu'au village des Aldudes que vous traversez entièrement. Après la « fabrique » de jambon, prenez à droite en direction de Pampelune, traversez Esnazu, puis dépassez la venta (poste d'essence) qui marque la frontière et parvenez au col d'Urkiaga (912 m). Nombreuses places.

Période Du printemps à l'automne, en évitant les périodes de chasse (octobre à décembre)

Difficulté Itinéraire facile (balisé) et évident par bonne visibilité.

Dénivelé 300 m

Horaire 4h30

Carte Alpina Aldudes-Baztan, au 1/40 000

et la Borda Quinto Real

Fleurs de givre sur les pentes de l'Artsal

0h00 Col de Urkiaga (912 m). Vers l'ouest, deux pistes se présentent au départ du camino forestal de Zuraum (pierre à moulin) : choisissez celle de droite (GR 11) et grimpez par un chemin blanc sous les épicéas. Franchissez un portail de bois au niveau d'une fourche à trois branches et continuez en sous-bois (nombreux bunkers).

0h15 Parvenez à une **clairière** en passant au-dessus d'une cabane surplombée d'une grande palombière sur pylônes ; grimpez directement jusqu'à une cabane marron en suivant une clôture.

Au niveau d'une cabane verte, tirez à droite en abandonnant la clôture pour suivre le GR 11 qui vous permet de sortir de la forêt. Longez la lisière de la hêtraie jusqu'au…

0h45 Large **col d'Enekorri** (1174 m ; nombreux postes de chasse). Laissez la clôture partir à l'ouest parallèlement à une ligne de postes de chasse ; au contraire, tirez au nord par le GR 11 et passez 150 m au-dessus d'une cabane blanche postée à la limite du bois.

Poursuivez à flanc en restant entre les postes de chasse à gauche et la limite de la forêt à droite, jusqu'à parvenir au col de Zagüa (1163 m).

Au raz d'une palombière, et avant que la crête ne se redresse, tirez à flanc et contourner le sommet de l'Artsal en suivant le balisage du GR 11 en terrain dégagé. Suivez la courbe de niveau par une sente (nord) jusqu'au large de la selle herbeuse du collado de Sorrotipieta (ou de Bustalmorro). Retrouvez une clôture et passez au-dessus d'un bunker en tirant à droite jusqu'au...

LE PAYS QUINT (KINTOA)

Cette zone appelée Pays Quint, qui comprend Banca, les Aldudes et Urepe,l est un vestige de l'ancien royaume médiéval de Navarre. C'est une enclave basque neutre entre la France et l'Espagne qui forme un territoire indivis.
En 1512, lors du partage de la Navarre, cette région fut une source continuelle de conflit entre éleveurs pour les droits de pacage. La signature du traité de Bayonne en 1856 en fixa définitivement les frontières négociées. Depuis, les habitants de la vallée de Baïgorri ont la jouissance exclusive des pacages en Pays Quint. En contrepartie, la France verse annuellement un impôt à titre d'indemnisation aux vallées du Baztan et d'Erro en Espagne (1/5 des droits sur les troupeaux). Par une ironie dont l'histoire est coutumière, les familles rattachées à la commune d'Urepel paient leurs impôts à Madrid, leurs enfants vont à l'école d'Urepel et les parents perçoivent les allocations familiales en France !

Est-ce qu'une vache qui ferme les yeux pendant la traite donne du lait concentré ?
J.-L. Fournier

1h30 **Col de Loilurzeko** (1157 m). Laissez un mamelon herbeux sur la gauche et, en suivant toujours la courbe de niveau (nord-est), arrivez au pied de l'Argintzu, couronné de rochers. Longez le menhir d'Argintzu (balisage dessus. Le GR 11 ne gravit pas le sommet de l'Argintzu, il l'évite par la droite). Tirez vers la crête rocheuse que vous contournez par l'est, une escalade facile dans des gros bloc vous amène...

1h45 Au **sommet** (boîte avec croix gravée, 1208 m).
Descendez avec précaution par la crête nord jusqu'à retrouver la clôture de l'autre côté que vous suivez à nouveau. Elle conduit à une large dépression cotée 1134 m. Vous retrouvez le GR mais l'abandonnerez aussitôt quand il franchit la clôture. Poursuivez au contraire vers l'est et contournez par la droite la Peña de los Generales (1165 m), côte rocailleuse avec des falaises donnant sur le versant Est.

2h00 Passez sous un **bunker** et parvenez à un petit col rougeâtre (1150 m) avec vue sur Aldudes. De là, visez une piste blanche à la limite de la forêt (beau temps obligatoire) et descendez très facilement dans les pelouses d'un magnifique cirque pastoral. Passez à droite de la lisière du bois et rejoignez la piste blanche.
Suivez-la vers la gauche (nord) et franchissez un ruisseau avant d'entrer dans la Borda de Quinto Real fermée à clef... (portillon).

2h30 Du **portillon,** en reprenant le GR 11, remontez au nord en direction d'une cabane couverte de tuiles romanes. Sans l'atteindre, tirez à droite et passez sous une cabane marron (balise dessus).

Gravissez un ressaut qui conduit au début d'une épaule herbeuse. (962 m). Montez vers le sud en suivant le GR 11 qui pénètre dans un bois splendide et passez au-dessus d'une cabane en mauvaise état.

3h00 Rejoignez une **épaule herbeuse** que vous gravissez au mieux en contournant le Generales par l'ouest jusqu'à retrouver la clôture au point 1134 m ; franchissez-la. Retrouvez le GR 11.
Tirez maintenant sous l'Argintxu par le GR 11, qui traverse 150 m sous la cime, et rejoignez le col de Loilurzeko, puis l'itinéraire de l'aller.

4h30 **Col de Urkiaga.**

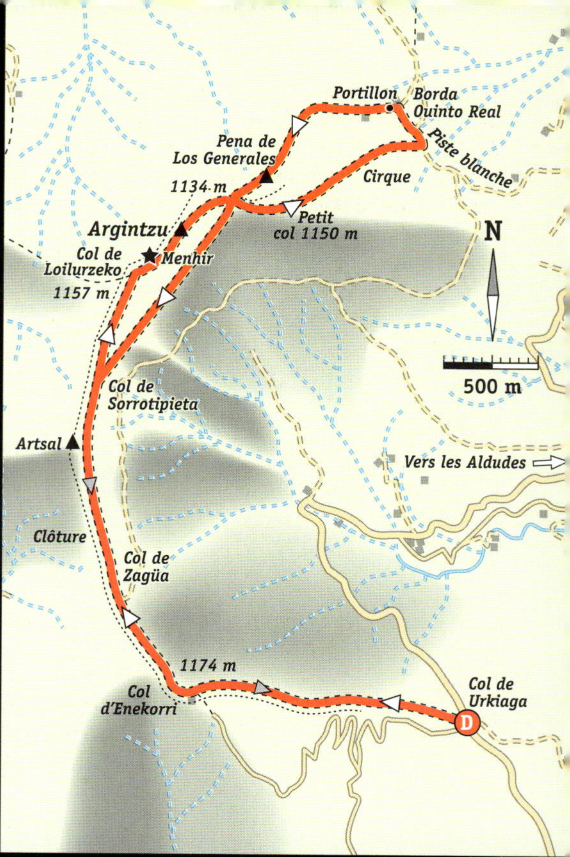

Borda Quinto Real dans son trou de verdure

L'Urculu

Un travail de légionnaire

23

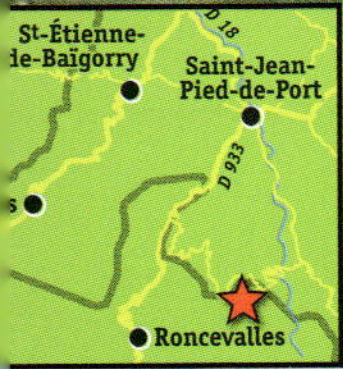

« Quand les philosophes eux-mêmes n'ont plus rien à nous dire, il est excusable de se tourner vers le babillage fortuit des oiseaux, ou vers le lointain contrepoids des astres. » M. Yourcenar

La tour d'Urculu est l'un des plus formidables monuments des Pyrénées. Sanctuaire, forteresse, toutes les hypothèses ont été émises à son sujet et le monument est resté longtemps une énigme. Mais que fait un tel édifice à cet endroit ? On le sait maintenant : c'est une tour-trophée, érigée par les romains en 75 av. J.-C., sous le règne de l'empereur Pompée. Son édification marqua l'achèvement de la conquête de l'Aquitaine. Pourtant, lorsqu'elle apparaît sur cette arête presque nue, au faîte du port d'Arnostéguy, l'impression de mystère demeure entière. C'est vrai que la construction est impressionnante et on a de la peine à imaginer le travail des légionnaires romains sur ces estives cuirassées de silence. Sur une base cylindrique d'une vingtaine de mètres, ils ont élevé sur une hauteur de 4,50 m une double enceinte de murs épais de 2,60 m. L'enceinte battue par les vents est étonnamment bien conservée. Peu d'endroits au Pays basque expriment autant de force et le paysage sans âge qu'elle couronne semble pétrifié. Pour y accéder, notre balade démarre très bas au fond des replis silencieux de la vallée d'Aezkoa pour gagner en musardant les hauteurs lumineuses d'Arnostéguy. Fabrica d'Orbaiceta est aussi un endroit curieux, un fond de vallée reculé où affleure une vieille veine de fer. Le roi Carlos III, en 1784, y a implanté une fabrique d'armes autour d'anciennes forges. Aujourd'hui, il ne reste quasiment plus rien qu'une église monumentale et désaffectée.

Le col d'Arnostéguy

Accès Depuis Saint-Jean-Pied-de-Port, la N 135 va franchir la frontière et vous conduit à Burguete que vous dépassez de 2,5 km pour prendre à gauche la NA-140 jusqu'à Aribe. De là, suivez la NA-2032 jusqu'à Fábrica de Orbaiceta, terminus de la route

Période Fin du printemps, été, automne

Difficulté Assez facile, plutôt balisé, mais itinéraire de haute montagne nécessitant le beau temps

Dénivelé 420 m

Horaire 4h15

Carte Irati au 1/50 000 (Edicio : Junta Genera del Valle de Aezcoa et Valle de Salazar)

depuis Fabrica d'Orbaiceta

20 m de circonférence, 4,5 m de haut : Urculu émerge sur la crête frontière

0h00 Fabrica de Orbaiceta. De la place, prenez le chemin goudronné qui s'amorce (nord-ouest) à gauche de l'église. Ignorez, à quelques mètres, un embranchement à gauche, vers des hangars (panneau du GR 11) et montez rive gauche du torrent de Changoa, vers le nord.

Une quinzaine de minutes plus tard, bifurquez à droite (nord-nord-est). Laissez un refuge forestier sur la gauche, et la source Iturri en sortant du bois, et arrivez à un croisement (poteau indicateur en bois) ; une sente file à gauche : *Ruta mégalitica* de Azpégi balisée d'un symbole dolmen.

Montez 150 m de plus et laissez un embranchement à droite. Quittez ensuite le chemin goudronné initial qui file en face : poursuivez par un chemin herbeux sur la gauche (nord-ouest)

LE LAUBURU

En basque, *lau* signifie quatre et *buru* tête.

Le *lauburu*, ou croix basque, est une croix formée par quatre virgules, chacune étant constituée de trois demi-cercles. Ce symbole contribue à l'ornement des stèles discoïdales basques, mais aussi aux meubles ou aux linteaux de porte. Facilement identifiable, il s'est imposé comme « le » symbole du Pays basque avec l'Ikurrina (le drapeau). Apparu au néolithique, il fut diffusé par les civilisations antiques et pourrait symboliser l'écoulement du temps et représenter l'année décomposée en quatre saisons. La forme initiale était constituée de quatre bouquetins tournant autour d'un rond.

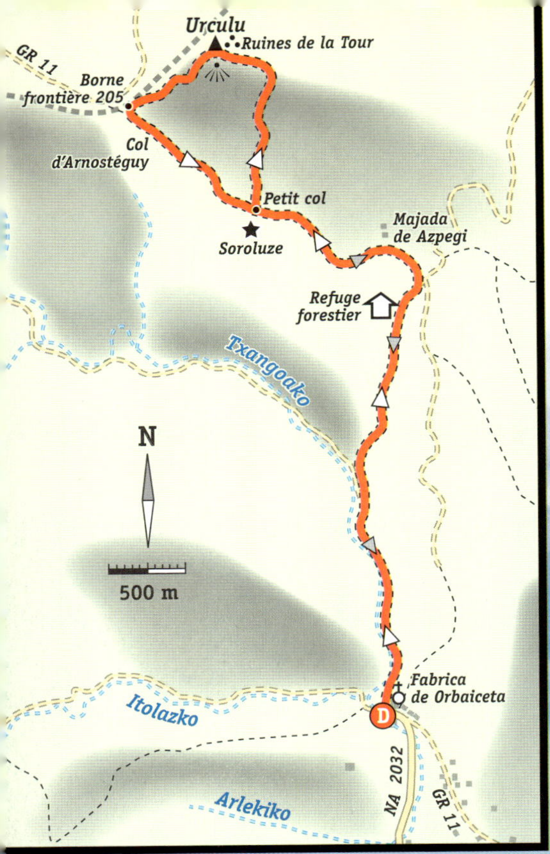

qui traverse un ruisseau dans un plat et mène à la visible et proche…

1h00 **Majada de Azpegi** (1075 m), petit groupe de quatre cabanes de bergers (nombreux cromlechs). Croisez la *Ruta mégalitica* qui arrive alors de gauche (commune au GR 11). Laissant les cabanes sur la droite, et au niveau de la cabane la plus haute, trouvez un sentier herbeux qui monte dans les estives (ouest), en forte pente. Parvenez à petit replat imperceptible en lisière de bois de hêtres ; la pente se radoucit.

1h30 Vous gagnez un **petit col** (1200 m), dolmen et cromlechs sur la gauche. Site de Soroluze daté de la période du Fer.
Abandonnez le GR 11 ici pour attaquer en face des pentes herbeuses au nord (panneau), balisées de piquets tous les 50 m. Passez un vague collet à 1320 m. Suivez toujours les piquets de bois, maintenant sur la gauche (ouest). Longez des bandes calcaires stratifiées jusqu'à trouver une faiblesse qui permet de franchir la strate la plus abrupte.
Montez vers l'ouest, passez en contrebas d'un premier sommet et parvenez à un petit col (1405 m), d' où l'on aperçoit la tour d'Urculu. Là, longez en face les ruines d'une cabane pour rejoindre le…

2h15 Sommet principal (1420 m), ruines de la **tour d'Urculu.**
Revenez vers l'est au petit col (1405 m) et descendez plein sud (balises jaunes) en pointant votre descente sur le…

2h15 **Col d'Arnostéguy** (1236 m), borne frontière 205 et croisement d'une route goudronnée qui arrive de Saint-Jean-Pied-de-Port. Abreuvoir. Reprenez le sentier du GR 11 vers l'est et gagnez le collet à 1200 m, rencontré à l'aller, qui abrite le site de Soroluze (panneau). Revenez alors à la Majada de Azpegi (1075 m) et à ses quatre cabanes de bergers après avoir croisé la Ruta mégalitica qui arrive de droite. Reprenez le chemin goudronné qui ramène à…

4h15 **Fabrica de Orbaiceta.**

Mer de nuages sur l'Aquitaine

La Sierra

Galets et mégalithes

24

Campé aux avant-postes de la Navarre, le plateau d'Abodi forme une citadelle puissante qui s'étend sur 30 km du col d'Ollokia, à l'est, jusqu'au Berrendi, à l'ouest, et à la vallée d'Aezkoa. Dressée contre le vent, comme un archipel isolé, la haute sierra émerge des profondeurs de la forêt d'Iraty. Des ravins inquiétants creusent ses contreforts septentrionaux où le rio Urtxurria roule ses eaux blanches pour se mêler à celles du rio Irati. Abodi commande un des plus vastes territoires inhabités des Pyrénées occidentales.

Jalonnées de mégalithes vieux de deux mille ans, ces montagnes ont abrité des centaines de générations de pasteurs. Le menhir d'Arrizabala, long de 3 m, gît dans l'herbe non loin du curieux paso de las Alforjas. Evoquant quelques divinités oubliées, peut être Basajaun, le seigneur de la forêt, il dut régner sur le même paysage pastoral qu'aujourd'hui, saluant depuis l'âge du Bronze chaque lever de soleil.

700 m plus bas, au fond de la vallée, un coude de la rivière Salazar abrite un joyau, le village d'Ochagavia, dominé par le sanctuaire de Muskilda. Les ruelles pavées de galets s'insinuent entre des maisons roses et blanches aux portes ornées de symboles astrologiques et religieux.

Jadis, à la fonte des neiges, comme dans la vallée de Roncal, des trains de bois flotté conduits par des bateliers descendaient le rio Salazar jusqu'au rio Aragon. L'expédition se terminait par un banquet et des danses saluaient l'exploit de ces hommes courageux.

Sommet de l'Abodi oriental

Mosaïque de vert du Goniburu

Itinéraire n° 1

Abodi depuis Ochagavia

Accès Depuis Larrau, prenez la direction de l'Espagne par le port de Larrau, puis continuez durant 11 km sur la NA-2011, puis 8 km sur la NA-140 conduisent à Ochagavia.

Période Du printemps à l'automne

Difficulté Itinéraire balisé (GR 11) mais délicat en cas de brouillard

Dénivelé 750 m depuis Ochagavia

Horaire 5h40

Carte Irati 1/50 000 (Edicio : Junta General del Valle de Aezcoa et Valle de Salazar)

de Abodi

Crête de l'Abodi

0h00 Depuis l'**église d'Ochagavía,** montez une rue pavée entre les maisons. Tout en haut, trouvez deux chemins. Prenez celui de droite (balisage GR 11) qui, quelques mètres plus loin, laisse un sentier sur la gauche. Jalonné de petites croix, le chemin s'élève en zigzag (nord-nord-est) jusqu'au sanctuaire de Muskilda (1010 m).
Faites-en le tour par la gauche pour arriver sur une petite route, devant le portail d'entrée. Continuez par le goudron (nord-nord-est). Dans un virage prononcé à droite, prenez une piste à gauche, goudronnée au début. Descendez à travers un bois pour ressortir sur une croupe dégagée. Laissez une première grange à gauche et continuez à niveau jusqu'à...

1h15 La **borde de Botin,** à la lisière du bois. Continuez par un chemin (balisage GR 11) qui entre en sous-bois (nord) et arrive en quelques mètres à une bifurcation. Prenez à gauche, puis montez (nord-ouest) à travers des buis puis des pelouses.
Franchissez une clôture, traversez un ruisseau, virez à gauche (sud-ouest) et débouchez sur une piste que vous suivez (nord-nord-ouest) pour contourner un contrefort. Au moment où elle fait un deuxième virage à gauche, tirez à droite (nord-ouest) à travers les pelouses (balisage GR 11).
Après un portail, poursuivez au nord en dominant un bois qui reste à gauche. Trouvez un vague sentier herbeux que l'on suit (nord-ouest) jusqu'à une cabane de bergers. Progressez vers le menhir couché d'Arrizabala au nord-nord-ouest pour arriver au...

2h30 **Paso de las Alforjas** (amphores, en castillan ; 1430 m), vaste col herbeux. Jonction des GR 11 et 12 (poteau fléché). Allez au nord-ouest entre les deux grandes cuvettes en forme d'amphore. Laissez le GR 11 partir au nord et attaquez une piste en direction de l'est vers l'Abodi oriental. Poursuivez toute crête dans des pelouses jusqu'au...

3h30 Sommet de l'**Abodi oriental** (1537 m).
Revenez par le même itinéraire jusqu'au Paso de las Alforas, 1430 m, et à la jonction du GR 11. Suivez le même chemin (GR 11) jusqu'à...

5h40 **Ochagavia.**

Itinéraire n° 2

Abodi depuis le Paso de Tapla (1364 m)

Accès Depuis Larrau, prenez la direction de l'Espagne par le port de Larrau, continuez pendant 11 km sur la NA-2011, puis 8 km sur la NA-140 conduisent à Ochagavia. D'Ochagavia, 15 km sur la NA-2012 amènent au Paso de Tapla.

Période idem itinéraire n° 1

Difficulté Itinéraire balisé NA 68 ; attention au brouillard

Dénivelé 200 m

Horaire 4h15

Carte idem itinéraire n° 1

0h00 Du **Paso de Tapla** (1364 m, panneau « Altos de Abodi par NA 68 »), tirez au sud-est, parallèlement à la route, à travers des pelouses et en visant la lisière d'un bois de hêtres qui surplombe la route. Au bout d'un quart d'heure, traversez des affleurements calcaires (balisage vert et blanc) et venez longer la forêt en restant toujours au-dessus de la route.
Parvenez à un panneau. Franchissez une clôture et poursuivez par un chemin large et évident. Franchissez une autre clôture et continuez à progresser à travers des bandes calcaires.
Quand le large chemin s'arrête net et commence à descendre, montez à travers bois sur quelques mètres et trouvez un sentier étroit qui poursuit à flanc, directement à l'est (balisage vert et blanc).

0h45 Débouchez sur un **vaste plateau** au sud du paso de las Alforas, où deux piquets de bois, éloignés de 50 m, conduisent à une cabane de berger. Dépassez le menhir couché d'Arrizabala pour déboucher au Paso de Las Alforjas, (1430 m), vaste col herbeux. Jonction des GR 11 et 12 (poteau fléché). Progressez au nord-ouest entre les deux grandes cuvettes en forme d'amphore.

1h00 Laissez le **GR 11** et le **NA 68** partir au nord et attaquez une piste en direction de l'est et de l'Abodi oriental. Poursuivez à toute crête dans des pelouses jusqu'au…

2h00 Sommet de l'**Abodi oriental** (1520 m).
Revenez par le même itinéraire jusqu'au Paso de las Alforas (1430 m) et

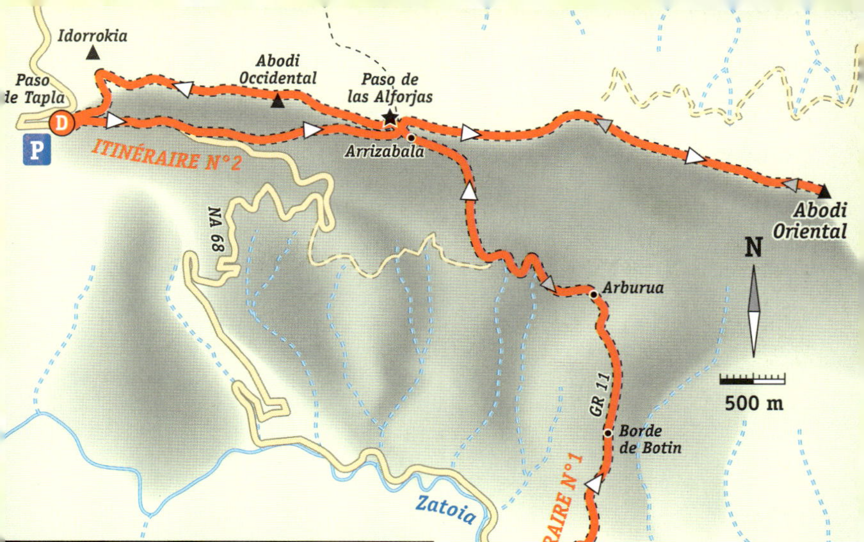

à la jonction du GR 11 que vous laissez au nord. À l'ouest des deux immenses dolines en forme d'amphore, retrouvez le NA 68 et gravissez la grosse bosse herbeuse de l'Abodi occidental (1489 m, balisage et piquets de bois). Débouchez au pied de deux mamelons et montez jusqu'au sommet de l'Idorrokia (1492 m) orné d'une hache sculptée.

Descendez à l'ouest dans l'herbe en direction du parking, et par une piste en terre…

4h15 Rejoignez le **parking du Paso de Tapla.**

Le gigantesque paso
de las Alforjas

L'Ezkaur

Sentinelle toponymique

25

« En montagne, on peut voir le monde tel qu'il était avant nous et tel qu'il sera après nous. » E. de Luca

À partir de l'Ezkaurre, les Pyrénées changent de visage et annoncent la fin de la zone centrale. Les paysages de haute montagne disparaissent vers l'ouest avec une baisse marquée des altitudes. L'Orhy, avec ses 2017 m, apparaît comme le dernier géant émergeant d'un îlot de pâturages. L'immense bastion calcaire dénudé d'Añelarra s'achève dans le lit du rio Veral.

L'Ezkaurre marque une limite morphologique : au-delà commence un paysage de moyenne montagne boisée. Les vallées deviennent moins marquées, leurs limites plus floues et le tracé de la frontière politique ne suit plus aussi nettement les limites des bassins hydrographiques. Comme s'il voulait annoncer ces changements, l'Ezkaurre apparaît comme une sentinelle défendue de murailles calcaires, de ravins sauvages, de pierraille, d'éboulis. Sa haute silhouette attire l'œil du montagnard car elle commande un horizon sauvage qui a pour nom : Trasversal, Alano, Espelunga, Tatxeras. Épousant les contours de la géographie, la toponymie aragonaise se dilue dans les eaux du rio Véral, alors que sur le versant opposé apparaissent les premières résonances d'idiomes basques.

Derrière l'Ezkaurre commence la vallée de Roncal, forestière et agricole, terre de pastoralisme. Autrefois, les brebis passaient l'hiver dans les Bardenas Reales et remontaient à pied, l'été venu, la *cañada de los Roncaleses,* dans un joyeux tintamarre de clochettes. Aujourd'hui, modernité oblige, d'anonymes camions transportent les bêtes jusqu'aux estives.

Accès D'Oloron-Sainte-Marie, prenez la direction d'Arette – La Pierre-Saint-Martin en suivant la D 132. Franchissez le col de la Pierre-Saint-Martin, descendez la vallée de Belagua par la NA-1370 jusqu'à 3 km en amont d'Isaba. Prenez alors à gauche la direction de Zuriza par la NA-2000. Franchissez le col d'Arguibiela et descendez jusqu'au camping de Zuriza, au bord du rio Véral.

Période Du printemps à l'automne

Difficulté Assez facile, itinéraire de montagne balisé

Dénivelé 850 m

Horaire 4h00

Cartes IGN Espagne 118-III, ou Belagua y Roncal, Alpina au 1/25 000

re depuis Zuriza et le col d'Arguibiela

Sierra de Alano

0h00 En sortant du **camping de Zuriza**, descendez la route à droite. Laissez à gauche le chemin de terre qui part vers Tacheras et continuez vers l'ouest. Une trentaine de mètres après le pont qui enjambe le torrent de Petrachema, quittez le goudron à droite et prenez pied sur un sentier qui monte dans l'herbe.
Un peu plus haut, longez par la droite la route qui monte au port d'Arguibiela, en la dominant légèrement, puis,

Sommet de l'Ezkaurre

Le Castillo d'Achert vu depuis sommet de l'Ezkaurre

avant d'arriver au col, remontez-la sur une cinquantaine de mètres jusqu'à parvenir à…

0h20 50 m en dessous du **col d'Arguibiela** (grand panneau touristique sur la Navarre, parking), versant Zuriza. Prenez le chemin (balisé GR 11) qui monte au sud et entre dans le bois. Au bout de 10 min, il vire à droite et s'élève à l'ouest régulièrement jusqu'au...

1h15 **Col Abizondo** (1640 m), en limite du sous-bois. Tournez à gauche en sortant peu à peu du bois (sud-ouest). Montez quelques mètres sur une croupe herbeuse, puis suivez un sentier raide et très caillouteux qui grimpe dans un terrain calcaire. Il vous permet de gagner de l'altitude en franchissant directement une face dénudée.
En arrivant sur l'arête arrondie du pic Ezkaurre, remarquez un énorme cairn

Depuis sommet de l'Ezkaurre : vue sur la France

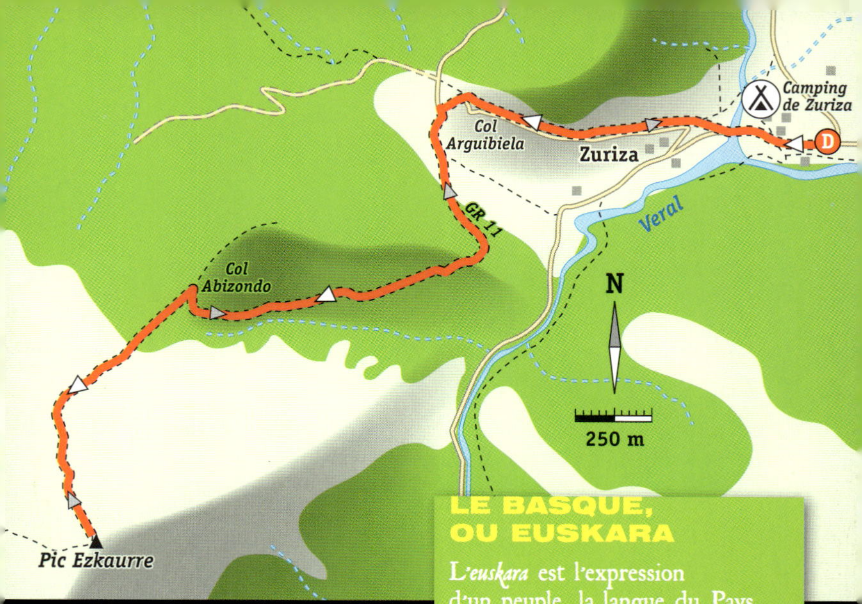

à gauche. Abandonnez le GR 11 et virez à gauche (sud). Par un sentier cairné, dans un paysage de lapiaz asséché, montez à l'est et parvenez au...

2h30 **Pic Ezkaurre** ou Peña Ezkaurri (2050 m, signal géodésique et boîte à messages). Curieux sommet rocailleux, criblé de cuvettes. Vue immense.
Retour par le même itinéraire en 1h30/1h45.

LE BASQUE, OU EUSKARA

L'*euskara* est l'expression d'un peuple, la langue du Pays basque français et espagnol. C'est une langue bien vivante, parlée par 67 000 personnes en France, principalement dans les Pyrénées-Atlantiques. En Espagne, leur nombre est presque onze fois plus élevé (provinces de Biscaye, Álava, Guipúzcoa et de Navarre) avec 730 000 personnes. C'est la plus vieille langue vivante d'Europe de l'ouest et elle trouve ses racines dans la protohistoire. D'origine mystérieuse, les chercheurs ont évoqué des souches sanscrites, finnoises ou estoniennes. On a cru déceler des liens de parenté avec les idiomes employés par les berbères d'Afrique du Nord. Aujourd'hui, dans la Communauté autonome basque (Euskadi), elle est langue officielle (au même titre que le castillan). En France, au contraire, elle est considérée comme une langue régionale minoritaire.

Le pic de P
depuis le refuge de Linza

L'alpinisme ne sert à rien ; restent les arres...

26

« Je sais, moi aussi, ailleurs, une muraille où il est plus difficile de m'encorder et des mers calcaires où mes yeux se noient... »
Bunny (Rainer Munch)

Dans les Pyrénées, il y a des coins de montagne où l'on aime revenir, des nœuds d'itinéraires qui affolent les sens. À Petretxema, les forces de la Terre ont débordé d'imagination. Sur les bords d'un plateau décharné, les montagnes se sont rencontrées pour donner jour à l'une des plus formidables tempêtes calcaires des Pyrénées : les aiguilles d'Ansabère. Au fond d'un trou deverdure paisible, pour reprendre les mots de Jean Ubiergo, les « os de la terre sont à nu ». La montagne s'est cuirassée de murailles ocres ceinturant un désert mystérieux. Zuriza résonne comme le nom d'une oasis perdue au bout d'un ravin desséché. Dans ce paysage de lignes verticales, de faces abruptes, les grimpeurs ont trouvé une arène à leur mesure pour se bagarrer avec la nature. Des voies audacieuses ont été ouvertes au prix d'efforts devenus légendaires. Les fissures, les dalles, les cheminées ont été explorées. Bivouacs, rappels, tragédies, grandes illusions, toute la terminologie de l'escalade a pu être utilisée pour décrire les ascensions dans ces murailles verticales. Mais la voie qui dépasse l'entendement, la ligne absolue qui laisse sans voix, c'est le Spigolo à la Petite aiguille. Raymond Despiau est le nom de son inventeur. Il a gagné le panthéon du pyrénéisme en 1967, gravissant le monstre en cinq jours. L'alpinisme ne sert à rien. Gravir le Spigolo peut paraître inutile et dérisoire, comme la musique, la poésie, l'amour, Bob Dylan et Mallarmé.

Face est de la Grande aiguille d'Ansabère

Sommet de Petrexema

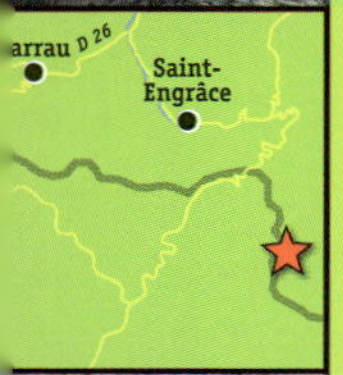

Grimpeurs dans le Spigolo

Accès D'Oloron-Sainte-Marie, prenez la direction d'Arette – La Pierre-Saint-Martin en suivant la D 132. Franchissez le col de la Pierre-Saint-Martin, descendez la vallée de Belagua par la NA-1370 jusqu'à 3 km en amont d'Isaba. Prenez alors à gauche la direction Zuriza par la NA-2000. Franchissez le col d'Arguibiela et descendez jusqu'au camping de Zuriza. Remontez au nord vers le refuge de Linza, terminus de la route. (Refuge de 100 places, gardé toute l'année. Tél. 974 370 112.)

Période Été et automne

Difficulté Assez facile (dénivelé non négligeable), mais itinéraire de haute montagne : beau temps obligatoire

Dénivelé 1050 m

Horaire 5h30

Carte Belagua y Roncal, Alpina au 1/25 000

Petite aiguille d'Ansabère

0h00 Derrière le **refuge de Linza** (1320 m), trouvez un chemin bien marqué qui part au nord-est et gravissez les pelouses qui dominent le refuge. Au bout de 40 min, débouchez sur un replat à 1570 m et franchissez le portillon d'une clôture. Laissez la cabane de Linza à droite et grimpez les pentes qui dominent ce vallon pour venir buter sur un ressaut calcaire encombré de graviers qu'il faut gravir en suivant de nombreux cairns. Atteignez un replat qui conduit à un nouveau ressaut calcaire. Gravissez-le par un sentier qui se faufile entre les rochers.

1h20 Parvenez au **collado de Linza** (1936 m), large selle herbeuse qui commande l'accès à un plateau torturé, criblé de dolines qui soutient le massif des Trois Rois et de Petrexema. Au croisement de sentiers, prenez à droite une sente marquée qui part à flanc et laissez à gauche (nord-ouest) le sentier de la Table des Trois Rois (cairns).

2h00 Un sentier au milieu des estives vous amène au **pied du ressaut terminal** du pic de Petrexema dans un grand virage à gauche, face au col de Petrexema (2083 m) : poursuivez par le sentier principal qui revient au nord puis attaque le ressaut terminal (un sentier marqué conduit en face au col de Petrexema*). Attention aux

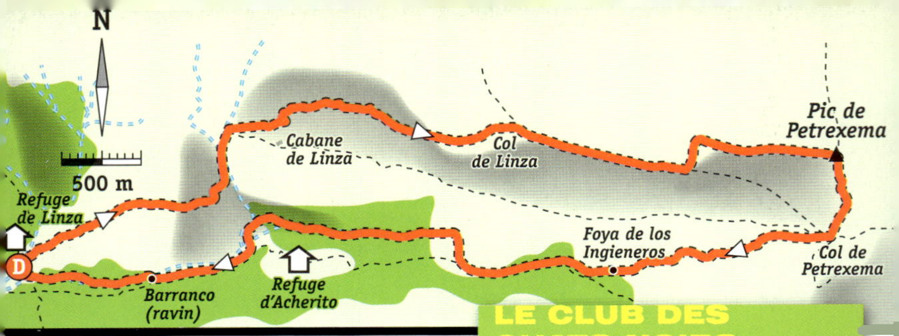

abîmes que vous dominez à gauche (nord). En restant sur le fil de l'arête, sur un chemin bien tracé qui franchit des pierrailles, sans aucune difficulté, vous gravissez...

2h45 Le **pic de Petrexema** (2371 m). Vue immense sur l'invincible Grande aiguille, l'Ossau, le Bisaurin et la vallée d'Aspe.

Descente

Bonne visibilité obligatoire

En tirant au sud, contournez les abîmes de la Petite aiguille d'Ansabère et rejoignez, par des banquettes caillouteuses et un sentier dans les éboulis, le col de Petrexema (2082 m). Croisement de plusieurs chemins : à l'est, celui des cabanes d'Ansabère et de la France. Au sud, le sentier de l'Acherito qui monte droit dans des éboulis. Au nord-ouest, un sentier balisé rouge et blanc part, traverse un lapiaz et rejoint le chemin du col de Linza*. Choisissez un dernier sentier qui tire plein ouest et pénètre dans le barranco de Petretxema, orienté est-ouest. Rejoignez un ravin sec, toujours orienté plein ouest.

3h45 Passez sous une **barre rocheuse** (Foya de los Ingieneros) et traversez un paysage minéral intense. Après avoir franchi un long pierrier, parvenez à un bosquet de pins à crochets qui domine un ressaut. Le sen-

LE CLUB DES CHATS NOIRS

Au milieu des années 1920, les pics pyrénéens étaient tous gravis. Pour les grimpeurs, il restait pourtant quelques pointes inviolées : la Grande aiguille d'Ansabère en faisait partie. Une quinzaine de jeunes grimpeurs créèrent, au fond d'une arrière-boutique de Pau, le Kroquant-club, qui deviendra le Club des Chats Noirs. Leur but : gravir ce qu'il y avait de plus inaccessible, donc de plus dangereux. Le Capéran vaincu en juin 1922 par un berger, une véritable compétition s'engagea pour vaincre « l'aiguille ». Le 24 juin 1923, Lucien Carrive et Armand Calame, du Club secret des Chats Noirs, nouèrent leurs cordes en chanvre pour attaquer ce pic inviolé. Malheureusement, la corde se rompit et Carrive mourut à la montée ; Calame força le passage clef, mais un rappel trop court lui fut fatal à la descente. Cet accident eut un retentissement considérable. La société clandestine fut découverte, le matériel confisqué, les sorties interdites ou encadrées sévèrement par de vénérables incompétents (d'après le livre *Montagnes Pyrénées*, Ed. Artaud, J.-L. Pérès, J. Ubiergo).

tier descend entre les pins au nord, par quelques lacets, et gagne un plateau splendide d'où filtre un filet d'eau. Traversez le plateau vers l'ouest. À son extrémité, le sentier pénètre dans la forêt.

4h30 Rejoignez un **ravin transversal** qui descend du plateau dominé par la cabane de Linza et parcouru par un ruisseau (remarquez le minuscule refuge d'Acherito au sud, sur un promontoire). Prenez au sud et débouchez cinq minutes plus loin sur un plateau où commencent les tracés des premières pistes de fond de Linza.

Parcourez 250 m et laissez une première passerelle en bois à droite, puis une deuxième, en longeant le ruisseau. Enjambez l'eau par une troisième passerelle et passez rive droite où vous gagnez une aire de pique-nique (abris, fontaine de los Clérigos dans une clairière). Une dernière passerelle vous ramène au…

5h30 **Refuge de Linza.**

Le profil vertigineux du Spigolo

Les barthes

Les berges inondables de l'Adour

27

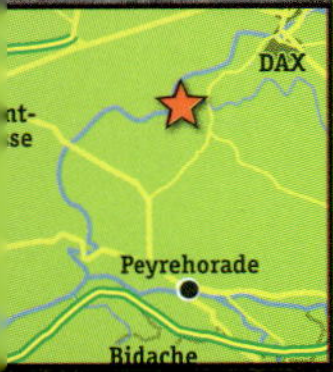

Quand l'Adour part à l'ouest, à la sortie de Riscle, en recevant l'Arros de sa droite, on sent un changement dans la nature de la rivière. À Aire, l'Adour devient un fleuve en franchissant la limite du Gers et des Landes, pour tracer son sillon entre les collines de la Chalosse et de la Grande Lande.
À Saint-Sever, 120 km le séparent encore de son embouchure, mais l'Adour s'élargit et devient navigable. Les berges s'aménagent, c'est l'Adour historique qui vit s'affairer des bateliers, des gabariers et des bouviers jusqu'aux années 1920. On comptait trois mille passages de péniches halées de Bayonne à Saint-Sever.
Au-delà de Dax, commencent les barthes, vastes zones de terres inondables que les chevaux partagent avec les hérons gardes-bœufs et les cigognes. Dans ce pays de vase, l'Adour offre une mosaïque de paysages et une écologie exceptionnelle : cigognes blanches et noires, oies cendrées, garzettes, et une petite tortue, la cistude.
Un vieux pont se profile, puis une ville se réfléchit sur la surface de l'eau. Au-dessus du fleuve, un clocher fortifié émerge d'un quai de pierres blanches : c'est Saubusse, gardienne du cours moyen de l'Adour. Puis les rives du fleuve se piquent d'appontements où s'amarrent les couralins. Quelques fermes isolées se dévoilent derrière les futaies. Au delà, l'Adour s'élargit encore, ses rives s'estompent sous le couvert des peupliers noirs. Elle reçoit les eaux des Gaves réunis, puis se jette, après un périple de 350 km, dans l'Atlantique.

Détail d'une fontaine à Saubusse

Accès Depuis l'A 63, la sortie 8 permet de gagner Saint-Geours-de-Maremne, puis la D 17 conduit sans peine au village de Saubusse. De Peyrehorade, la D 33 et la D 17 mènent à Saubusse situé à 15 km au sud de Dax.

Période Printemps, puis automne et hiver

Difficulté Facile, assez longuement balisé

Dénivelé 20 m

Horaires Deux boucles possibles : une courte en 2h45, une longue en 4h30

Carte 1343 Est Saint-Geours-de-Maremne

de Saubusse

L'Adour à Saubusse

0h00 Saubusse. De la place de l'Église empruntez une ruelle descendant vers l'ancien port, puis la sente des rosiers à droite qui vous amène sur les berges de l'Adour. Longez l'Adour, puis prenez à gauche la route de Jouanicay qui borde le ruisseau de Jouanin.
Gagnez la station d'épuration et pénétrez par l'ouest dans la Grande Barthe...

0h45 En franchissant une **barrière métallique** (panneau information). Traversez la plaine par un chemin surélevé et parvenez à un perchoir à cigognes où vous laissez un chemin à droite (sud). Continuez vers l'est en suivant l'Esté, bras d'eau sans courant qui sert de déversoir aux étangs. Rejoignez un croisement où vous prenez en face en laissant un petit pont à droite. Entrez peu à peu sous le couvert d'une chênaie remarquable en longeant l'Esté.

1h15 Parvenez à un **croisement** ❶ de plusieurs chemins carrossables.

Pour la **petite boucle** en 2h45, reprenez à partir du point horaire **3h00**.

Laissez à droite un chemin carrossable, franchissez un petit pont et prenez à gauche (nord) en longeant un court moment la chênaie en direction de l'église de Rivière dont on aperçoit nettement le clocher.
Parcourez 500 m vers le nord en traversant la Grande Barthe et franchissez un petit pont (cote 5 m). Empruntez juste après un large chemin qui démar-

Chevaux dans la Grande barthe

LA PIBALE

Venues des limites océaniques, dérivant au gré des courants, les pibales, ces translucides alevins de l'anguille, n'auront traversé l'Atlantique que pour finir par une nuit d'hiver dans les mailles d'un filet de pêcheur. Les survivantes restent quinze ans dans un bras de rivière, puis repartent en se laissant rouler sur le fond du fleuve pour rejoindre les profondeurs atlantiques jusqu'au lieu de leur naissance, la mer des Sargasses, où elles se reproduisent et meurent. Si la pibale se raréfie, c'est que la pêche s'intensifie. Quand le marché espagnol l'exige, le prix au kilo peut dépasser 300 €. Alors, pour les braconniers, les amateurs et les marins pêcheurs, pour un investissement faible (une lampe, un tamis), c'est un marché extrêmement juteux.

re à droite (nord-est). Il vous conduit à une barrière canadienne que vous franchissez.

1h45 Traversez la ligne de **chemin de fer** (nids de cigognes sur les caténaires !). Tirez à gauche en entrant dans le village de Rivière, jusqu'à l'église que vous contournez par le sud et descendez une volée de marches pour longer le monument aux morts. Remontez à droite la route du Vimport (D 13) en marchant au début sur des trottoirs. Dépassez le camping Lou Bascou et poursuivez par une bande gazonnée jusqu'à la sortie de Rivière.

2h20 Franchissez à nouveau la ligne de **chemin de fer :** parcourez une dizaine de mètres et tournez à droite. Un chemin de terre vous conduit à une nouvelle fourche où il faut prendre à gauche la direction du lycée agricole.

Franchissez une barrière canadienne qui commande l'entrée est de la Grande Barthe.

Une longue ligne droite sur un chemin carrossable vous ramène vers l'ouest en longeant par la droite un grand bois de chênes et en ignorant deux entrées secondaires. Le chemin vous ramène à un croisement de plusieurs chemins carrossables précédemment décrits ❶.

3h00 Avant de franchir le **pont,** prenez à gauche un chemin large qui longe l'Esté. Poursuivez en traversant la forêt et, quand le large chemin carrossable s'arrête dans une clairière, poursuivez par un sentier pédestre qui le prolonge.

Longez l'Esté qui s'assèche peu à peu. À son extrémité est de se présente une fourche : prenez à droite ❷ et rejoignez facilement une clairière où l'on débouche sur un bon chemin carrossable. À droite il conduit à la ferme du Bos ; prenez à gauche et franchissez une barrière canadienne qui commande l'entrée du chemin de halage (panneau « Cyprès chauves de Virginie »).

3h20 Prenez à droite le **chemin de halage** en longeant la rive droite de l'Adour. Au niveau de Carouba, rejoignez le goudron.

4h00 Parvenez au niveau de deux **maisons isolées,** puis à des panneaux d'information. En vue du pont de Saubusse, franchissez le ruisseau de Jouanin et remontez par la rue du Port en laissant une très belle fontaine à gauche et la villa Sting pour rejoindre…

4h30 La place de l'Église à **Saubusse.**

L'Adour

En pays du Seignanx

28

De l'autre côté de la rivière, je le vois debout au bord des ombres d'un bosquet d'aulnes. Avec ses plumes de guerrier inclinées derrièr sa tête, ses tons gris bleu, c'est un héron en chasse. Quand il lève la patte au-dessus de la rivière, l'eau ne s'en écoule pas, son œil jaune de tueur délicat fixe le frémissement de l'onde à l'affût d'une grenouille. Une voiture passe, d'un battement d'ailes comme un étouffement, l'oiseau disparaît. En retrait de l'Océan se déroule un large sillon de terre basse d'une quarantaine de kilomètres de longueur : les barthes de l'Adour. À la confluence de l'Adour et des Gaves réunis, elles occupent une zone humide remarquable située sur un couloir de migration. Cet espace original est constitué de zones boisées et de prairies inondables séparées du lit principal de l'Adou par une digue. Dans le but de conquérir de nouvelles terres agricoles, de gigantesques travaux d'assèchement furent mis en œuvre. Sous l'impulsion de Napoléon Ier des kilomètres de canaux furent creusés et d'importants ouvrages hydrauliques virent le jour. Les *portes à flots* qui régulent l'eau dans les barthes et rythment les montées de l'Adour en sont les exemples les plus remarquables. La meilleure saison pour la découverte de ces paysages est l'hiver. La présence de nombreux migrateurs qui trouvent dans cet ensemble de canaux et de prairies inondées une nourriture abondante enrichit la balade et lie la contemplation à l'observation ornithologique.

Accès Depuis Pau, dépassez le village de Biarotte que vous atteignez par la N 117, et poursuivez jusqu'à l'entrée de Saint-Martin-de-Seignanx, Quartier Neuf, que vous ignorez (D 26) pour continuer 1 km vers l'ouest en direction de Bayonne.

Depuis Bayonne, prenez la N 117, dépassez Quartier Neuf de 1 km et prenez à droite la petite route d'Arremont.

Remontez une colline et parvenez à une fourche. Laissez la route de Niorthe à droite. En prenant à gauche, parvenez à un nouveau croisement où vous continuez tout droit (panneau « CPIE, Pays de Seignanx »). Effectuez 200 m et rejoignez la ferme d'Arremont que vous laissez à droite. 200 m de plus vous permettent d'atteindre un vaste parking où s'effectue le départ de la plupart des sentiers pédestres.

Période Printemps, automne et hiver

Difficulté Facile, balisé

Dénivelé 100 m

Horaire 4h15

Remarques À vos jumelles !

Carte 1344 OT Bayonne

Tour d'observation de la Réserve de Lesgau

Vue sur la Réserve
depuis la tour de Lesgau

PILIERS DE BARTHES

Les barthes sont particulièrement riches en avifaune, notamment en hiver et en automne. La valeur patrimoniale de ces espaces n'a pas échappé aux institutions : 6500 ha bénéficient de protection, soit 43 % du Seignanx (étangs, rivières, littoral, marais). On peut y observer par exemple le courlis cendré ; des centaines de grues se nourrissent en journée dans les champs de maïs et les hérons garde-bœufs prospectent les prairies au milieu des chevaux de labour. La nuit venue, aigrette garzette, héron cendré et garde-boeufs se rassemblent dans les différents dortoirs du secteur. Au printemps, le cours de l'Adour est à surveiller : le milan noir, le balbuzard, le martin-pêcheur et la cigogne blanche nichent le long du fleuve.
Pour vous aider : LPO des Pyrénées-Atlantiques, 05 59 40 28 39.

0h00 Traversez le **parking** en direction du panneau d'information où le sentier démarre immédiatement à gauche. Large et herbeux au début, il longe par la gauche la clôture du Jardin des sens, vaste parc arboré qui décrit l'écologie particulière de ces zones humides.
Plongez dans le bois (mélange de pins et de feuillus) et rejoignez en contrebas l'étang de Puntet, en voie d'assèchement. Une longue descente vous amène sur la route de Puntet ; ignorez à droite le Moulin de Puntet et prenez à gauche (ouest).

0h20 Longez la **route** à gauche et dépassez la ferme Treilh (pressoir restauré, porcherie remarquable) en

L'estey de Saint-Jean

continuant vers l'est. Laissez à droite le départ du sentier vers la barthe de Naciet (panneau d'interprétation) et une zone de pique-nique (table) et poursuivez jusqu'au la ferme Bergusté, au croisement du chemin d'Arremont, en bordure de la réserve de Lesgau (tour d'observation).

0h45 Prenez à droite le chemin qui longe l'**estey d'Arrelas,** joli cours d'eau bordé de platanes remarquables. Parvenez au croisement de la D 74, à l'angle d'une maison de retraite et de la maison Argelas. Prenez à gauche la route des Barthes, vers l'est. Longez l'Adour sur 3 km (remarquable maison rouge, plusieurs pontons et perspectives fluviales) jusqu'à parvenir en face de l'île de Bérenx (chapelle et maison avec parc arboré).

1h45 Au **croisement** ❶, calvaire de 1868, prenez à gauche vers Saint-Barthélemy. 15 min plus tard, nouveau croisement : prenez à gauche, en direction de Saint-Barthélemy en laissant la direction de Biaudos à droite ; franchissez le pont de Palis et le pont de la Palle.

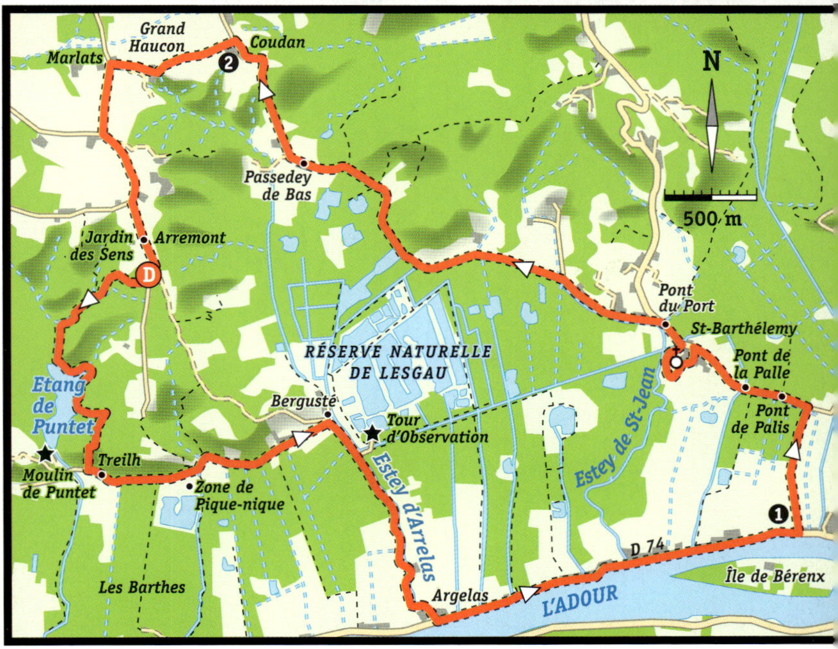

2h15 Pénétrez dans le village de **Saint-Barthélemy** dominé par son imposante église. Dépassez la mairie (bâtiment avec cour ceinturée et pigeonnier remarquable) et gravissez juste après un escalier qui permet de franchir les 17 m de dénivelé qui dominent !
Contournez l'église par le sud, ainsi qu'un ensemble de maisons typiques, descendez une ruelle et contournez le village. Prenez à gauche à l'angle d'une maison boursouflée par une curieuse sculpture végétale apparente.
À la sortie du village, au croisement du pont du Port (calvaire), tirez à gauche par la route de Saint-Martin en laissant à droite la route de Saint-André. Parcourez 500 m et laissez à droite l'impasse de la Courtille qui conduit à un groupe maisons.

3h10 Ignorez au **pied d'une côte** (Passadey de Bas), un chemin blanc gravillonné pour partir à droite et franchissez une bosse (pin isolé) qui vous conduit à un quartier de maisons (Montbrun, Coudan).
En haut, prenez à gauche ❷ le chemin de Hauron. 50 m plus loin, il devient chemin de terre et conduit au faîte d'une crête en plein milieu des champs.

3h45 Rejoignez le goudron à l'angle d'une **maison blanche** (Grand Haucon), au niveau d'un platane fourchu remarquable. Traversez un quartier de maisons (Marlats) et remontez légèrement jusqu'à reprendre l'étroit chemin d'Arremont (cote 49 m) juste avant le sommet d'une côte. Parvenez à une fourche : laissez la route de Niorte à droite et poursuivez tout droit. Laissez la ferme d'Arremont et descendez 200 m encore jusqu'au…

4h15 Parking.

Depuis Esc

Vert tendre, vert patience...

29

« Regarde attentivement la nature, dirige-toi d'après elle et ne t'en écarte pas, l'art est vraiment caché dans la nature, celui qui peut l'en tirer le possédera. » A. Dürer

Une combinaison de petites balades balisées décrivent une boucle autour d'Escos. Elles permettent de visiter les bords du gave d'Oloron et le célèbre pool à saumons du concasseur jusqu'à la vieille tour de Villefranche. Ce pays sans âge, au caractère rural fort, propose des paysages de vert tendre tout en harmonies dignes des gravures d'un Dürer fasciné par l'œuvre de la nature.

Des rives du gave, aux grondements rugueux, notre chemin divague au milieu des chênes solitaires émergeant d'un désert de maïs, ignorant les croisements de chemins tirés au cordeau. La balade est variée et la longueur pourra être adaptée à l'état de forme des participants. Un retour rapide peut s'effectuer par le tour des berges du lac de la Pounde. Si le pas est alerte et le soleil souriant, alors il est intéressant de découvrir la région un peu plus en profondeur et on choisira une boucle plus longue qui va lorgner vers Auterive et une courbe alanguie du gave.

Il faut porter un regard amoureux et tendre sur ce pays un peu à l'écart des grandes routes touristiques. Escos est une terre paisible de pêcheurs. Comme eux, il faut cultiver la patience, quêter le silence et rechercher dans le détail et le frémissement d'une ombre le grand œuvre de la Nature.

Accès Depuis Salies-de-Béarn, prenez la direction Bayonne par la D 17, jusqu'à Cardesse, puis la D 29 qui franchit le gave d'Oloron vers le sud. 1 km avant Labastide-Villefranche prenez à gauche la D 28 vers Escos où vous pénétrerez. Parking derrière la mairie.

Période Toute l'année

Difficulté Facile, balisé sur une bonne partie de l'itinéraire

Horaires 2h30 ou 4h00

Carte 1444 Ouest Salies-de-Béarn

Os, le Gave et le chemin du Marché

Le lac de la Pounte

0h00 Escos. Prenez en direction de l'église et traversez la D 936 en direction du gave d'Oloron. Longez sa rive gauche et passez sous le pont de chemin de fer. Longez la voie ferrée par un chemin de terre. Parcourez 250 m et laissez un embranchement à droite. Poursuivez sur 500 m : le chemin de terre laisse la place à un chemin blanc. Poursuivez vers le sud sur 950 m et rejoignez le goudron au niveau d'un croisement avec la…

0h30 D 986. Reprenez le goudron vers Escos sur 50 m (Saint-Palais au sud) et suivez à gauche un chemin goudronné qui monte, poursuivez jusqu'à la ferme Barbaste. Abandonnez le chemin de la « Boucle des berges du Gave » qui revient vers Escos pour choisir de partir à gauche sur 150 m.

Un croisement ❶ se présente : prenez à droite et gravissez une côte. 300 m plus loin, laissez la ferme Saint-Macary, poursuivez par un chemin blanc d'où on rattrape la boucle « Dou Marcadé ».

Après 850 m, abandonnez le chemin de la ferme du Habas au niveau d'un large virage pour un sentier discret dans les prés. Après un pin isolé, rejoignez le goudron, laissez les bâtiments d'une ferme puis dépassez le moulin d'Houssé.

1h15 Remonter la **D 936** sur 50 m et suivez l'indication « Lou Marcadé » en plongeant dans un chemin de terre à gauche. Contournez les eaux du lac de Labourcade par sa rive gauche. Une courte montée vous permet de gagner Labastide-Villefranche.

Clocher de l'église de Castagnède

LE GRAND GAVE

Né de la confluence du gave d'Aspe et du gave d'Ossau au sein même de la ville d'Oloron, le gave d'Oloron est un fleuve majeur de la géographie béarnaise. Sa partie haute est alimentée par le gave de Brousset, qui prend ses eaux dans les montagnes du Pourtalet, et par le gave d'Aspe qui jaillit d'un petit vallon espagnol que domine le pas d'Aspe. La partie haute du gave d'Oloron est un torrent tumultueux à fond de galets. Après Sauveterre, il reçoit les eaux du Saison, né en plein Pays basque au pied du pic d'Orhy. La confluence des deux donne naissance à une puissante rivière, large de 40 m, qui ralentit après Navarrenx en laissant la place à de grands plats profonds (pool) très prisés par les pêcheurs de saumons. Les virages entre les zones encaissées lui assurent une bonne oxygénation et sa vitalité offre un axe de première grandeur aux poissons migrateurs.

1h30 Contournez la tour de **Labastide** par le nord, au niveau d'un grand calvaire, et rejoignez la D 29.

GRANDE BOUCLE

Prenez à gauche et pénétrez dans le bourg. Parcourez 100 m jusqu'à un croisement. Prenez en face sur 100 m, puis à droite vers l'église et à gauche (sud-ouest). Poursuivez jusqu'à un calvaire à la sortie de Labastide (panneau).

Prenez à droite une piste blanche sur 200 m ; elle fait un angle droit et poursuit à travers champ pendant 500 m (ouest) jusqu'à un nouveau croisement où il faut prendre à droite (nord), puis montez à l'assaut d'une côte qui domine Labastide. Revenez à l'est avant d'atteindre le goudron, non loin d'un château d'eau.

2h00 Descendez jusqu'à la **D 936,** prenez à droite vers Labastide sur 150 m, et à une croix (53 m) plongez à gauche devant les murs du château Bijou. Faites 750 m et au croisement de Lascroutzades prenez à droite le chemin goudronné. Continuez à l'ouest sur 750 m, croisez la D 28 au niveau de Noutary.

Prenez en face sur 1 km jusqu'à un élevage de canards où vous tirez à droite, puis croisez la D 29.

3h15 Entrez dans **Auterive** en prenant la direction de l'église et la mairie. Contournez l'église par l'est, longez le gave au plus près et revenez sur la D 29. Prenez à gauche, parcourez 150 m et continuez à gauche en direction du moulin de Larribère.

Dépassez-le et prenez au sud sur 1200 m. Au niveau d'une plantation récente, empruntez à gauche un sentier dans l'herbe qui longe le gave pen-

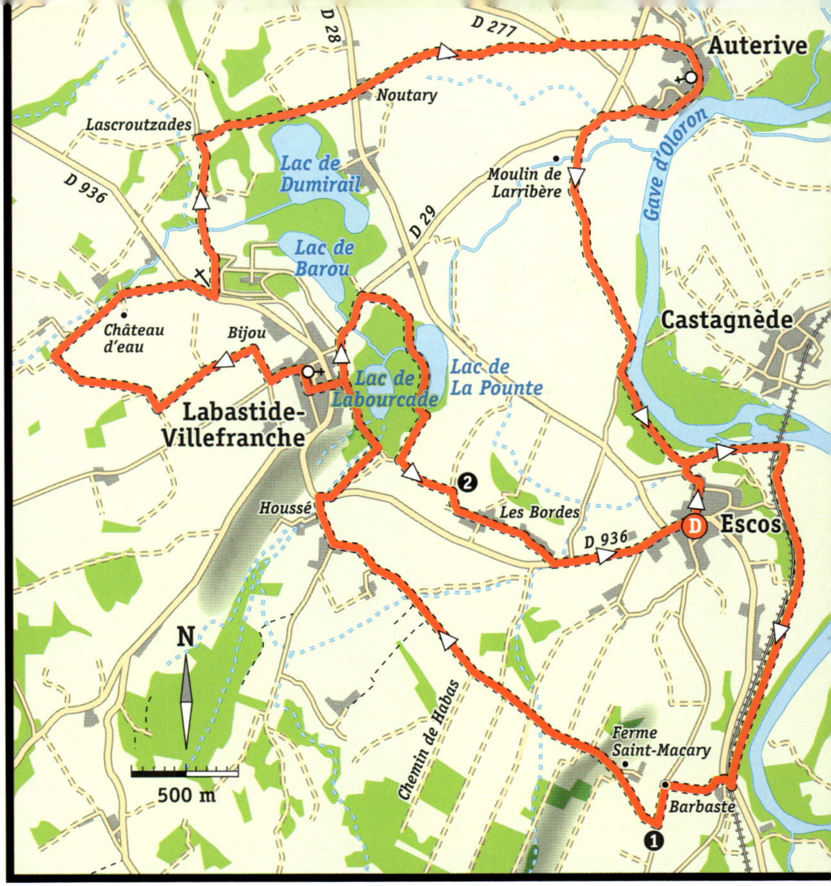

dant 500 m : vous tombez alors sur le chemin du départ qui remonte jusqu'à l'église et au parking.

4h00 Escos.

PETITE BOUCLE

Poursuivez sur 450 m vers le nord par la D 29. Un chemin de terre à droite vous conduit à l'entrée du lac de la Pounte. Venez longer le lac par la droite jusqu'à une passerelle en bois qui en franchit un bras (asséché en été). Vous rejoignez une langue de terre où un sentier vous permet de rejoindre l'autre rive. Reprenez pied sur le chemin de Lou Marcadé et gravissez à gauche une colline jusqu'à un nouveau chemin ❷.

Prenez-le vers la droite et rejoignez le quartier des Bordes que vous traversez complètement. Un chemin goudronné vous conduit à un croisement avec la D 936 au niveau de la sortie d'Escos (panneau). Prenez à gauche maintenant en longeant la départementale jusqu'au lavoir d'Escos. Une ligne droite vous permet de rejoindre au bout de 500 m le parking derrière la mairie.

2h30 Escos.

De Navarre

Mélancolie béarnaise

30

La fontaine militaire

Remparts de Navarrenx

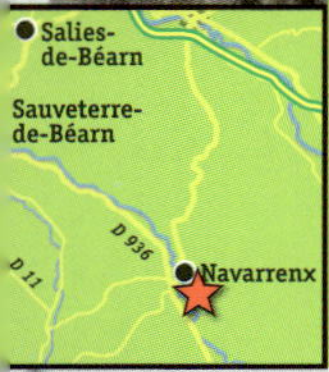

Les remparts de Navarrenx datent du XVIe siècle et ceinturent une vielle bastide du XIVe siècle aux ruelles en damier et à l'architecture rectiligne. Bastionnée, fortifiée, elle domine une courbe argentée du gave d'Oloron. Passage obligé entre Navarre et Béarn, Navarrenx verrouillait un gué qui commandait les portes de la Navarre. Les pèlerins qui se rendaient à Compostelle y trouvaient une halte bienveillante et la cité se dota rapidement d'une commanderie, d'une chapelle et d'un hôpital.

Les remparts de l'ancienne bastide furent édifiés par d'Henri II d'Albret, grand-père d'Henri IV. Un siècle avant Vauban, il engage l'architecte italien Fabrici Siciliano qui copie les plans de la citadelle de Lucca (Lucques) en Toscane.

Petites ruelles et sentiers herbeux permettent de découvrir ce village spectaculaire et magnifiquement conservé.

Les remparts sont facilement accessibles, et la virtuosité technique des bâtisseurs d'antan se lit dans les moindres détails de ces murailles. Bastion des Échos, échauguettes et contremines résonnent encore du fracas des armes et cette cité magnifique ravira grands et petits enfants.

Le reste de la balade chemine dans l'arrière-pays à la douceur mélancolique et va à la rencontre de vestiges protohistoriques. Deux *castéras* sont visibles non loin du chemin : la butte des Maures et le castéra de Jasses. Occupé jadis par les Ibères, puis par les Romains, ces buttes reliques témoignent de l'intérêt hautement stratégique de cette région.

Bow-window à Navarrenx

Accès Depuis Oloron-Sainte-Marie ou depuis Sauveterre-de-Béarn, la D 936 vous conduira jusqu'à l'entrée de Navarrenx. Juste après le pont sur le gave d'Oloron, prenez à droite les allées Jean-Sagarra, direction « Tennis, Piscine » jusqu'au court de tennis.

Période Toute l'année

Difficulté Vraiment facile et balisé

Dénivelé 110 m

Horaire 3h45

Carte 1445 Est Mauléon-Licharre

nx à Jasses par la butte des Maures

L'arsenal de Navarrenx, construit en 1680

0h00 **Navarrenx.** Remontez la promenade Jean-Sagarra vers l'ouest en longeant le pied des remparts, puis un court moment la D 947. Franchissez la porte Saint-Antoine et pénétrez sur la place des Casernes. Prenez à gauche un escalier aux marches érodées qui conduit à la terrasse du puit de défense. Redescendez quelques marches et longez le demi bastion de la Clochette jusqu'à un canon isolé. Empruntez un escalier qui descend vers la poudrière. Remontez la rue de la Poudrière qui conduit dans la rue Saint-Antoine. 50 m plus loin, vous parvenez devant la demeure de Jeanne d'Albret. Longez la place d'Armes, siège de la mairie, et continuez vers l'église Saint-Germain.

0h30 Remontez la **rue de l'Écho** et gravissez le bastion des contremines. Suivez le chemin de ronde et parvenez au bastion des Échos. Une pente gazonnée conduit à l'emplacement de la porte Saint-Germain. Continuez en face par la rue des Échos qui croise la rue Saint-Germain. Abandonnez la rue des Remparts et poursuivez par une ruelle qui conduit à la fontaine Militaire.

Laissez la poterne de Mérintein à droite et regagnez à gauche la rue de l'Abreuvoir qui vous amène rue Saint-Germain, face à l'office de tourisme. Franchissez une porte en face. Elle conduit dans une cour à arcades, face à la maison du Lieutenant du roi.

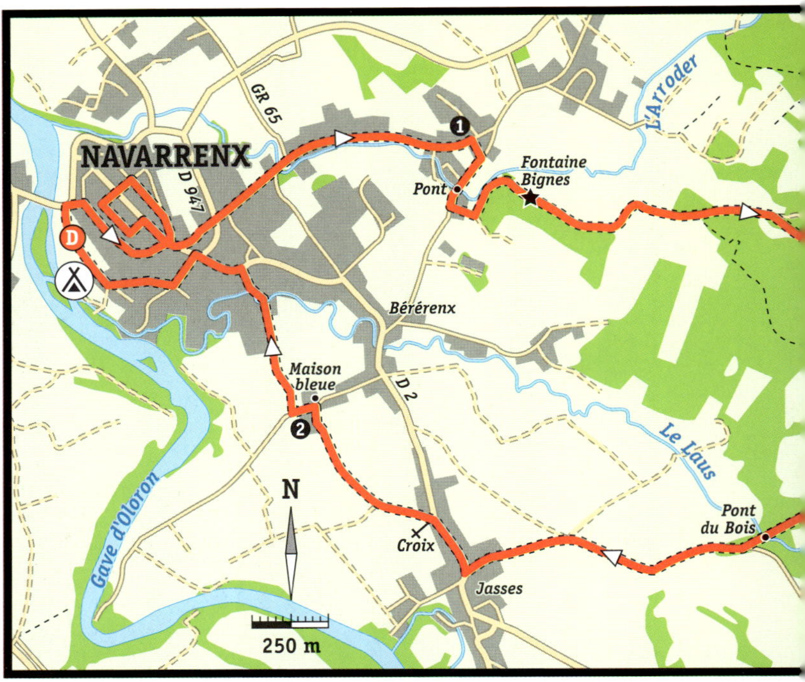

Revenez à gauche vers la place d'Armes. Une ruelle vers le nord vous conduit dans la rue Saint-Germain jusqu'à la maison d'Henri Lefebvre. Poursuivez rue Saint-Germain vers l'est et sortez de l'enceinte de Navarrenx pour remonter au nord. Longez les remparts par le chemin de la Batteuse et parvenez à un…

1h10 Croisement. Traversez la route en direction du quartier du Bois et suivez vers le nord l'avenue de Mourenx qu'emprunte aussi le GR 65. Parvenez à un croisement, laissez le GR 65 à gauche et poursuivez par l'avenue de Mourenx qui longe le ruisseau l'Arroder. Dépassez l'auberge du Bois et un quartier de maisons.
Prenez à droite ❶ face à une maison béarnaise et parcourez 50 m pour prendre à droite (sud). Franchissez l'Arroder par un pont et parvenez à une fourche en longeant une maison moderne. À son extrémité (panneau « VTT Navarrenx ») prenez à gauche un chemin qui contourne une colline boisée. Poursuivez par un chemin de terre qui serpente entre les champs et…

1h45 Dépassez la **fontaine Bignes.** 350 m plus loin, à une fourche, prenez à gauche un chemin de terre qui monte vers une palombière isolée, puis poursuivez jusqu'à un croisement au sommet de la colline au pied de la…

2h00 Butte des Maures. Prenez le chemin vers le sud, puis sud-ouest. Franchissez le pont du Bois. Parvenez à une aire de pique-nique et laissez

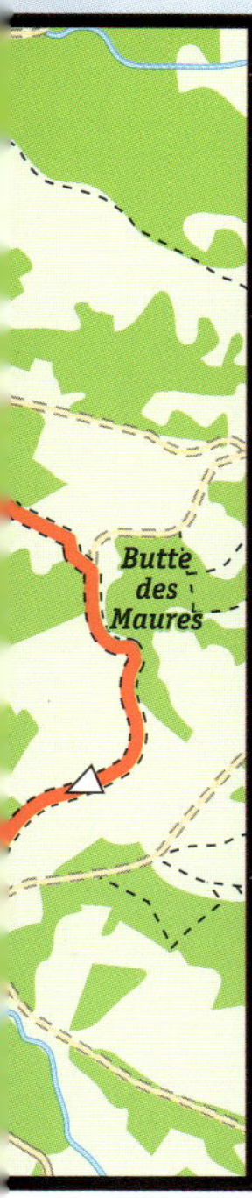

Le puit de défense commande la porte Saint-Antoine

à un croisement la « Boucle d'Ogenne » à gauche. Vous retrouvez le goudron et, par le chemin d'Ogenne, gagnez…

2h30 **Jasses,** place Saint-Barthélemy. De la place, prenez la D 2 vers la droite, en direction de Bérérenx, sur 200 m.
À l'angle d'une maison (croix), prenez à gauche un chemin entre deux murettes de pierre (vers le nord-ouest) et gagnez le hameau de Bérerenx. Poursuivez jusqu'à une…

3h00 **Maison** à la façade **gris bleu** portant une date érodée 1658 (?) où l'on abandonne la boucle de Jasses pour prendre à gauche ❷. Parcourez 100 m et au premier croisement prenez à droite (panneau) vers Navarrenx-centre.
Longez une scierie et pénétrez dans Navarrenx par la rue de la Fontaine de Prat. Parvenez à une place quadrillée de platanes et filez vers le centre. À l'angle de l'école : prenez à gauche. Engagez-vous en direction du pool Massey par le chemin du Gave. Avant la barrière du passage à niveau, prenez un chemin goudronné à droite en suivant encore les indications pool Massey. Longez une belle demeure et, par l'allée des Marronniers, gagnez l'entrée d'un camping (aire de pique-nique). Poursuivez par le haut d'un talus en contournant le camping par la droite. Une descente dans l'herbe conduit au tennis et vous ramène…

3h45 À votre point de départ à **Navarrenx.**